DURCH STARTEN

ZUM ERREICHEN DER DEUTSCH-BILDUNGS-STANDARDS

DEUTSCH

5

1. Klasse HS/NMS/AHS

COACHINGBUCH LÖSUNGSHEFT

VERITAS

Gemeinsam besser lernen

DIAGNOSETESTS RECHTSCHREIBEN

1 Großschreibung

Sehr geehrter herr stadtrat!
Wir wollen ihnen auf diesem wege ein anliegen im namen vieler jugendlicher unserer stadt vortragen, das ihnen besonders am herzen liegt.
Vielleicht haben sie schon wahrgenommen, dass in unserem stadtgebiet keine einzige fläche zum skaten zur verfügung steht. Gefahrloses skaten ist leider nur auf verkehrsfreien plätzen möglich. Am besten würde sich das unbebaute areal neben dem sportplatz eignen. Ohne eine geeignete anlage bleibt der sportbegeisterten jugend nichts anderes übrig, als auf den gehsteigen zu skaten.
Herr stadtrat, bitte nehmen sie sich der sache an, die jugendlichen werden es ihnen danken.
Die chefin der hiesigen sportartikelfirma hat ihre hilfe versprochen. Nun liegt es im wesentlichen an ihnen, herr stadtrat, ob es bald zur errichtung eines skaterplatzes kommen wird. Es gibt nichts wertvolleres für die gesundheit als bewegung.
Wir bitten sie um einen gesprächstermin.

2 Konsonantenverdoppelung

1. Die Freundi n/nn en mu s/ss ten über Wi z/tz e der Ko l/ll egi n/nn schmun z/tz eln.
2. Der Re n/nn läufer ka n/nn te die Hausbergka n/nn te vom le z/tz ten Stur z/tz.
3. Kur z/tz vor einem Gewi t/tt er he r/rr scht o f/ff t eine unheimliche Sti l/ll e.
4. Das Sa m/mm eln von Hi m/mm beeren und Bro m/mm beeren ist mühsa m/mm.
5. Ein Ro k/ck/kk für He r/rr en wird auch Sa k/ck/kk o gena n/nn t.
6. Er ka n/nn te sä m/mm tliche Pil z/tz e, die er gesa m/mm elt ha t/tt e.
7. Nach einem entspa n/nn ten So n/nn tag so l/ll te ma n/nn an den Mo n/nn tag denken.
8. Sie ha t/tt i r/rr tümlich die Autoschlü s/ss el in den Ko f/ff er eingepa k/ck t.
9. Manche Geschä f/ff te haben am Mi t/tt wochnachmi t/tt ag geschlo s/ss en.
10. Mä n/nn liche Mi t/tt arbeiter erha l/ll ten mehr Lohn als weibliche Angeste l/ll te.

3 s-Schreibung

1. Die mei**s**ten Insa**ss**en sa**ß**en blo**ß**fü**ß**ig im Rei**s**ebu**s**.
2. Genie**ß**er e**ss**en nur die allerbe**s**ten Leckerbi**ss**en.
3. Verzeichni**ss**e im Atla**s** wei**s**en auf Mautstra**ß**en und Ra**s**tstätten hin.
4. Der gefa**ss**te Dieb mu**ss** seine Mi**ss**etat im Gefängni**s** bü**ß**en.
5. Jedes drei**ß**igste Lo**s** gewinnt bei der Schlu**ss**ziehung einen Tro**s**tprei**s**.
6. Der Rei**ß**verschlu**ss** spie**ß**te sich und lie**ß** sich weder öffnen noch schlie**ß**en.
7. Stre**ss** erzeugt Unlu**s**t und Fru**s**t am Arbeitsplatz.

8. Er ko**s**tete den sü**ß**en, frisch gepre**ss**ten Traubenmo**s**t.
9. Fa**s**t täglich fa**ss**en Menschen den Entschlu**ss**, mä**ß**iger zu e**ss**en.
10. In der Wildni**s** fre**ss**en oft grö**ß**ere Tiere Grä**s**er und Planzenre**s**te.

4 Lang gesprochene Selbstlaute

Ein besonderes Probl**e**m unserer Rechtschreibung ist die D**eh**nung von Vok**a**len. Der lang gesprochene a-Laut kann zum Beisp**ie**l als a, ah oder sog**a**r als aa geschr**ie**ben werden: die H**aa**re pfl**e**gen, den Kinderw**a**gen sch**ie**ben, die W**ah**len gewinnen, er k**a**m pünktlich, auf die W**aa**gsch**a**le l**e**gen, die W**ah**rheit erf**ah**ren, sie w**a**ren hier.
Nicht v**ie**l leichter funktion**ie**rt die Schreibung des langen o-Lautes: die W**oh**nung aufräumen, eine Sch**o**nkost zu sich n**eh**men, im weichen M**oo**s schl**a**fen. Auch der lang gesprochene i-Laut ist ein z**ie**mliches Irrlicht. Man schreibt: das V**ieh** füttern, **ih**nen helfen, Ros**i**nen naschen, B**ie**nen züchten, ins K**i**no gehen, einen Spaz**ie**rgang untern**eh**men. Dazu kommen noch gleich klingende Wörter, die nur durch die Schreibung des i-Lautes untersch**ie**den werden: das Augenl**i**d, aber das L**ie**derbuch; der Besenst**ie**l, aber der Baust**i**l.

5 Schreibung von Mitlauten

im **t**rübenWasser fischen
unter der **D**usche stehen
dem **T**ankwart **d**anken
den **D**ocht anzünden
eine **D**elle im Ko**t**flügel
eine **D**atenbank be**t**reuen
die Kan**did**a**t**en vorstellen
im **Det**ek**t**ivbüro befragt werden
den **D**rachen fliegen lassen
einen **T**rach**t**enhu**t** **t**ragen

den Ta**x**ilenker we**chs**eln
das Wa**chs**tum beschleunigen
eine Mi**x**tur anmischen
eine verfli**x**te Geschichte
den Bu**chs**baum düngen
eine La**chs**forelle verspeisen
auf dem Sa**x**ofon spielen
mit dem Fu**chs**schwanz sägen
ein dreia**chs**iger Lastwagen
den Bo**x**kampf gewinnen

6 Schreibung von Umlauten

D**ä**mmerung
sich r**äu**spern
Best**ä**tigung
Gr**ä**tsche
sich schn**äu**zen
Schr**ä**glage
Groß**e**ltern
s**äu**erlich
H**äu**ptling
Ungeh**eu**er

ber**eu**en
Kapit**ä**n
Steins**äu**le
Gl**e**tscher
erfr**eu**lich
Blumenst**ä**ngel
K**ä**ltepol
bel**ä**mmert
hartn**ä**ckig
F**äu**lnis

h**e**rzlich
b**ä**renstark
beschw**e**rlich
entt**äu**schen
Sch**ä**deldecke
s**eu**fzen
F**äu**stlinge
ger**äu**schlos
einr**e**nken
vers**eu**chen

Diagnosetests GRAMMATIK

1 Bestimmung der Wortarten

N Z Z N N
1. IM FRÜHLING GRÜNEN UND BLÜHEN BÄUME UND STRÄUCHER.

Z F E N N
2. FÄHRST DU IN DEN LANGEN FERIEN MIT DEN ELTERN ANS
N
MEER?

N Z F N E
3. DER ANSTREICHER STRICH UNSERE GARTENBÄNKE GRÜN.

E N Z E N
4. ÄNGSTLICHEN MENSCHEN GRAUT VOR HAARIGEN SPINNEN.

F Z E N N E
5. ER BEZWANG DEN HÖCHSTEN GIPFEL DER ALPEN MÜHELOS.

N Z E N N
6. IM WESTEN BEDECKEN HOHE GEBIRGE DAS LAND.

E N N Z
7. DIE REICHEN VORRÄTE AN ERDGAS REICHEN NICHT FÜR DIE
N
EWIGKEIT.

E N Z E N
8. DIE GUTEN SCHIFAHRER BEWÄLTIGEN DIE STEILSTEN HÄNGE.

F Z N E N
9. WIR WAREN AUGENZEUGEN EINES SCHRECKLICHEN UNFALLS.

Z F F N N
10. HALTET IHR IN EURER WOHNUNG HAUSTIERE?

2 Geschlechtsbestimmung von Namenwörtern

w	Stehleiter	**w**	Blumenzwiebel	**m**	Farbstift
w	Halbwaise	**s**	Haarband	**s**	Geschäftsschild
m	Unterkiefer	**w**	Schokolade	**m**	Abteilungsleiter
s	Benediktinerstift	**m**	Kilometer	**s**	Dekagramm
m	Stammkunde	**m**	Schutzschild	**m**	Bodensee
w	Ostsee	**s**	Liegesofa	**m/s**	Eidotter
w	Frühkartoffel	**m**	Germknödel	**m**	Wonnemonat
w	Holzasche	**s**	Silberbesteck	**s**	Superbenzin
m	Radiergummi	**m**	Porzellanteller	**w**	Diätbutter
m	Autobahntunnel	**s**	Kofferradio	**w**	Schwarzkiefer

3 Fallbestimmungen

1. Mit warmen Jacken kann man die Kälte ertragen.	EZ **MZ**	1	2	**3**	4
2. Die Lebensdauer der Motoren hat sich erhöht.	EZ **MZ**	1	**2**	3	4
3. Ein chices Kleid muss nicht teuer sein.	**EZ** MZ	**1**	2	3	4
4. Er besucht in den Ferien seinen Onkel.	**EZ** MZ	1	2	3	**4**

5. Sie nähern sich dem Ziel.	**EZ**	MZ	1	2	**3**	4
6. Die Wände des Zimmers werden gestrichen.	**EZ**	MZ	1	**2**	3	4
7. Ich habe das Jausenbrot vergessen.	**EZ**	MZ	1	2	3	**4**
8. Vaters Hefte verstauben auf dem Dachboden.	**EZ**	MZ	1	**2**	3	4
9. Gestern wurden die Möbel geliefert.	EZ	**MZ**	**1**	2	3	4
10. Im Herbst werden die Trauben geerntet.	EZ	**MZ**	**1**	2	3	4

4 Steigerung beim Eigenschaftswort

1. schnell	**schneller**	**am schnellsten**
2. lang	**länger**	**am längsten**
3. gut	**besser**	**am besten**
4. edel	**edler**	**am edelsten**
5. sauer	**saurer**	**am sauersten**
6. heiß	**heißer**	**am heißesten**
7. hoch	**höher**	**am höchsten**
8. teuer	**teurer**	**am teuersten**
9. klug	**klüger**	**am klügsten**
10. groß	**größer**	**am größten**

5 Persönliches Fürwort

Einzahl	1. Person	2. Person		3. Person	
1. Fall	ich	du	er	sie	es
2. Fall	**meiner**	**deiner**	**seiner**	**ihrer**	**seiner**
3. Fall	**mir**	**dir**	**ihm**	**ihr**	**ihm**
4. Fall	**mich**	**dich**	**ihn**	**sie**	**es**
Mehrzahl	1. Person	2. Person		3. Person	
1. Fall	**wir**	**ihr**		**sie**	
2. Fall	**unser**	**euer**		**ihrer**	
3. Fall	**uns**	**euch**		**ihnen**	
4. Fall	**uns**	**euch**		**sie**	

6 Bestimmung der Satzglieder

1. Entlang des Flusses | stehen (P) | zahlreiche Weiden (S).

2. Die Tulpen (S) | blühen (P) | in diesem Jahr | sehr früh.

3. In den Ferien | fährt (P) | die ganze Familie (S) | nach Kroatien.

4. Manche Sportler (S) | gehen (P) | im Wettkampf | bis an ihre Grenzen.

5. Der Angeklagte (S) | beweist (P) | dem Richter | seine Unschuld.

6. Im Spital | verwechselte (P) | man (S) | die beiden Babys.

7. Die Eltern (S) | erlaubten (P) | dem Sohn | die Teilnahme am Ferienlager.

8. Im Verlauf des Rennens | steigt (P) | der Blutdruck der Sportler (S).

S P
9. Die Vorräte reichen bestenfalls für eine Woche.

S P
10. Sportler bevorzugen als Kost frisches Obst und Gemüse.

1. KAPITEL: GROSS- UND KLEINSCHREIBUNG

1

1 3 2
Wie ich **I**hnen gestern am **T**elefon mitgeteilt habe, kann ich leider die ganze
2 2 1 2 [Zeitwort als N gebraucht] 2
Woche nicht in die **S**chule kommen. **B**eim **S**chlucken kratzt mein **H**als fürchter-
2 1 2 4
lich, und ich habe beinahe keine **S**timme. **M**ein **S**chulfreund **F**elix wird mir am
4 2 2 [Zeitwort als N gebraucht] 1 4
Freitag alle **H**efte zum **N**achschreiben bringen. **A**m nächsten **M**ontag bin ich wie-
2
der in der **S**chule.
1 3 2 2 [Zeitwort als N gebraucht]
Ich danke, dass **S**ie **V**erständnis für mein **F**ehlen haben.
1 2 3 4
Liebe **G**rüße **I**hr **M**ax

2

Anmerkung: Die Anfangsbuchstaben, die großgeschrieben werden müssen, erscheinen im Fettdruck!

1 2 2
ich muss heute zu **h**ause bleiben, weil ich mich gestern beim **f**ußballtraining
1 3 [Frau Schmidt wird angesprochen] 2 4
verletzt habe. **v**ielleicht ist **i**hnen bekannt, dass ich beim **c**lub **a**dmira in der
2 1 4 4
nachwuchsmannschaft spiele. **w**ir trainieren jeden **d**ienstag und **d**onnerstag.
1 2 2 1 2 4
beim letzten **t**raining ist dann das **u**nglück passiert. **m**ein **g**egenspieler **j**ochen
4 3 [Frau Schmidt wird angesprochen]
renk, den **s**ie auch gut kennen, und ich hechteten gleichzeitig nach einem hohen
2 1 2 2 1 2
ball. **i**n der **l**uft sind wir mit unseren **k**öpfen zusammengeknallt. **i**m **k**rankenhaus
2 2
haben die **ä**rzte eine leichte **g**ehirnerschütterung festgestellt.
1 3 4
bis bald **i**hr **f**lorian

3

SCHMERZ	**A**	BEERE	**K**	HOLZ	**K**	GEFAHR	**A**
HEU	**K**	KAKTUS	**K**	AMPEL	**K**	EIS	**K**
LÖWE	**K**	FISCH	**K**	KÄLTE	**A**	TRAUER	**A**
WUT	**A**	HITZE	**A**	WASSER	**K**	HUNGER	**A**
HERZ	**K/A***	TREUE	**A**	KNIE	**K**	GOLD	**K**

* [Herz als menschliches Organ = K
Herz im Sinne von „mit Herz und Seele" = A]

4

der Schmerz	**die B**eere	**das H**olz	**die G**efahr
das Heu	**der K**aktus	**die A**mpel	**das E**is
der Löwe	**der F**isch	**die K**älte	**die T**rauer
die Wut	**die H**itze	**das W**asser	**der H**unger
das Herz	**die T**reue	**das K**nie	**das G**old

5

DIE BLONDE MÄHNE → **die** blonde **M**ähne
MIT EINEM HOHEN TEMPO → mit **einem** hohen **T**empo
EIN GEFÄHRLICHER VERSUCH → **ein** gefährlicher **V**ersuch
BEI DEM HEFTIGEN STURM → bei **dem** heftigen **S**turm
EIN LAUT WEINENDES KIND → **ein** laut weinendes **K**ind

6

wirken → die **W**irk**ung**
ereignen → das **E**reig**nis**
irren → der **I**rr**tum**
heiter → die **H**eiter**keit**
gesund → die **G**esund**heit**
sauber → die **S**auber**keit**

7

1. Wir hören **das K**lingeln einer Tram.
2. Wir hören **das H**upen der Autos.
3. Wir hören **das H**eulen der Sirenen.
4. Wir hören **das M**usizieren Jugendlicher.
5. Wir hören **das H**ämmern eines Pressluftbohrers.
6. Wir hören **das Q**uietschen der Autoreifen.

8

1. Ich bin gut/nicht gut **im H**ochspringen.
2. Ich bin gut/nicht gut **im R**echtschreiben.
3. Ich bin gut/nicht gut **im S**ingen.
4. Ich bin gut/nicht gut **im S**chwimmen.
5. Ich bin gut/nicht gut **im R**eiten.
6. Ich bin gut/nicht gut **im E**islaufen.

9

1. die **b**londe Dame → die **B**londe/die Blondine
2. ein **ä**lterer Herr → ein **Ä**lterer
3. ein **n**eugeborenes Baby → ein **N**eugeborenes
4. die **b**esten Schüler → die **B**esten
5. die **s**chlanken Menschen → die **S**chlanken
6. der **g**rößte Schüler → der **G**rößte

10

1. sich **etwas G**utes gönnen
2. **viel N**eues erfahren
3. **nichts u**nüberlegt machen [aber: nichts Unüberlegtes machen]
4. **etwas g**ut können [aber: etwas Gutes tun]
5. sich an **nichts g**enau erinnern [aber: nichts Genaues erfahren]
6. **nichts S**chlimmes befürchten
7. **wenig E**rfreuliches mitteilen
8. **alles G**ute wünschen

Test 1 – Groß- und Kleinschreibung

Anmerkung: Die großen Anfangsbuchstaben sind fett gedruckt.

1. **D**ie **K**inder wünschen ihrer **L**ehrerin alles **G**ute zum **G**eburtstag.

2. **D**er **Z**euge wusste nichts **G**enaues über den **V**erlauf des **U**nfalls.
3. **M**ein **H**err, nehmen **S**ie **I**hre **P**apiere und verschwinden **S**ie für immer!
4. **D**as **B**egehen der **G**leise endete mit dem **T**od des **U**nvorsichtigen.
5. **D**ie **Ä**lteren erzählen den **J**üngeren **I**nteressantes über die gute alte **Z**eit.
6. **G**enießen **S**ie **I**hren **A**ufenthalt in unserem **L**uxushotel!
7. **L**ieber **H**err, **S**ie vergeuden nur **I**hre wertvolle **Z**eit!
8. **I**m **W**esentlichen hat er die **R**egeln zur **G**roßschreibung im **K**opf.
9. **I**n **S**tädten braucht man zum **P**arken eine **P**arkuhr oder einen **P**arkschein.
10. **E**ntschuldigen **S**ie, wo ist hier in der **N**ähe ein **L**okal zum **S**peisen?
11. **I**n unserer **G**esellschaft gilt das **S**chmatzen als **U**nhöflichkeit.
12. **L**iebe **F**rau, haben **S**ie schon den **S**chaden an **I**hrem **A**uto gesehen?
13. **D**ie vielen **W**artenden ahnten nichts **B**öses und stiegen in den **B**us.
14. **D**er **B**este war im **L**aufen um eine **S**ekunde schneller als der **Z**weitbeste.
15. **I**ch lade **S**ie, meine **D**amen und **H**erren, am **A**bend zum **E**ssen ein.

2. KAPITEL: KONSONANTENVERDOPPELUNG

11

Anmerkung: Die kurzen Selbstlaute sind dunkelgrau, die langen hellgrau unterlegt.

h**a**rt	Gr**a**b	Sch**a**f	K**a**lb	M**a**st	f**a**d
W**e**g	H**e**rbst	h**e**r	N**e**st	Kr**e**m	H**e**md
W**i**rt	w**i**r	fl**i**nk	v**o**r	m**i**r	L**i**st
r**o**t	d**o**rt	s**o**nst	K**o**t	P**o**st	H**o**f
D**u**nst	H**u**t	L**u**ft	Schn**u**r	b**u**nt	L**u**st

12

h**a**[rt]	Gr**a**[b]	Sch**a**[f]	K**a**[lb]	M**a**[st]	f**a**[d]
W**e**[g]	H**e**[rbst]	h**e**[r]	N**e**[st]	Kr**e**[m]	H**e**[md]
W**i**[rt]	w**i**[r]	fl**i**[nk]	v**o**[r]	m**i**[r]	L**i**[st]
r**o**[t]	d**o**[rt]	s**o**[nst]	K**o**[t]	P**o**[st]	H**o**[f]
D**u**[nst]	H**u**[t]	L**u**[ft]	Schn**u**[r]	b**u**[nt]	L**u**[st]

[Die Regel wird bestätigt: nach einem langen Selbstlaut nur **ein** Mitlaut, nach einem kurzen Selbstlaut mindestens **zwei** Mitlaute.]

13

schne**ll**	Schmalz*	Zelt*	Ba**ll**	Kna**ll**
Fe**ll**	Feld*	Halm*	vo**ll**	Volk*
mild*	Mü**ll**	kalt*	Sta**ll**	Bild*

* [Doppelverbot, weil neben dem l ein weiterer Mitlaut vorhanden ist!]

14

Anmerkung: Das z/tz erscheint hier im Fettdruck. Der vorangehende Laut ist kursiv gesetzt.

vor dem z steht ein Mitlaut	vor dem z steht ein Zwielaut	vor dem tz steht ein kurzer Selbstlaut
Schme*r***z**	W*ei***z**en	tr*o***tz**ig
La*n***z**e	schn*äu***z**en	S*a***tz**
ga*n***z**	Kr*eu***z**	s*e***tz**en
he*r***z**lich	Schn*au***z**e	Sch*u***tz**
stü*r***z**en		j*e***tz**t
Wa*l***z**e		s*i***tz**en
		Verl*e***tz**ung
		p*u***tz**en

15

Anmerkung: Das k/ck erscheint hier im Fettdruck. Der vorangehende Laut ist kursiv gesetzt.

vor dem k steht ein Mitlaut	vor dem k steht ein Zwielaut oder ein langer Selbstlaut	vor dem ck steht ein kurzer Selbstlaut oder kurzer Umlaut
Ko*r***k**	H*a***k**en	H*a***ck**e
Ba*l***k**en	qu*ie***k**en	sp*u***ck**en
tri*n***k**en	h*ei***k**el	R*ü***ck**en
Wo*l***k**e	bl*ö***k**en	B*ä***ck**er
wa*n***k**en	erschr*a***k**	einp*a***ck**en
Ka*l***k**	Sp*u***k**schloss	Bl*i***ck**

16

Anmerkung: Der vorangehende Laut ist kursiv gesetzt. Das z/tz/k/ck ist fett gedruckt.

Verschm*u***tz**ung	Kleiderh*a***k**en	verl*e***tz**t
Ho*l***z**h*a***ck**e	Matr*a***tz**e	H*ä***k**elnadel
schme*r***z**lich	V*i***z**eka*n***z**ler	S*i***tz**ba*n***k**

Test 2 – Konsonantenverdoppelung

1. Auf der Zeltspi**tz**e ste**ck**t ein dreie**ck**iger Wimpel.
2. Mit einem Nu**ss**kna**ck**er ö**ff**net man schne**ll** harte Nü**ss**e.
3. Bei einem Gewi**tt**er folgt auf einen gre**ll**en Bli**tz** ein Do**nn**er.
4. Im So**mm**er steht die Heizung grundsä**tz**lich sti**ll**.
5. Beim Sturz von der Tre**pp**e verle**tz**te er sich eine Ri**pp**e.
6. Das Re**nn**auto ro**ll**te ohne Treibsto**ff** ins Ziel.
7. Die Wohnräume in der Vi**ll**a waren geschma**ck**vo**ll** geschmu**ck**t.
8. A**kk**usativ ist der lateinische Begri**ff** für den 4. Fa**ll**.
9. Plö**tz**liches Gla**tt**eis verursachte einen Ma**ss**enunfa**ll**.
10. Den Ko**ff**erraum des kapu**tt**en Autos ko**nn**te niemand ö**ff**nen.
11. Eine Fahrt mit einem rasanten Schne**ll**boot gefä**ll**t a**ll**en.
12. In den So**mm**ermonaten mu**ss** man eine He**ck**e öfter stu**tz**en.
13. Der Torma**nn** erhielt im le**tz**ten Handba**ll**spiel nur wenige Tre**ff**er.
14. Manche Schülneri**nn**en kö**nn**en von to**ll**en Reisen erzählen.
15. Ab je**tz**t behe**rr**sche ich die Do**pp**elungen be**ss**er als vorher.

3. KAPITEL: S-SCHREIBUNG

17

giftige Ga**s**e	ein volles Fa**ss**	Ma**s**ern bekommen
eine lange Ga**ss**e	ein Fa**s**erstift	die Schneema**ss**en
be**ss**er rechnen	ein nettes We**s**en	die Nä**ss**e erdulden
der Be**s**enstiel	we**ss**en Buch?	beim Reden nä**s**eln
feuchte Wie**s**en	hoch zu Ro**ss**e	ein süßes Apfelmu**s**
ein großes Wi**ss**en	eine rote Ro**s**e	er mu**ss** mehr üben

18

be**ss**er singen	die Rinderma**s**t	eine Ta**ss**e Tee
am be**s**ten tanzen	die Teigma**ss**e	die Klavierta**s**te
Ro**ss** und Reiter	an der Kü**s**te	keinen Ha**ss** fühlen
ein ro**s**tiger Nagel	sich kü**ss**en	ohne Ha**s**t

19

im Sommer verrei**s**en	–	das Lenkrad verrei**ß**en
ein hei**ß**er Sommertag	–	eine hei**s**ere Stimme
ein wei**s**er Mann	–	ein wei**ß**er Lack
im Spital gene**s**en	–	im Hotel genie**ß**en
die Wandflie**s**en	–	im flie**ß**enden Wasser
ein blo**ß**es Haupt	–	ein lo**s**es Hemd

20

Sto ?	→	Stö**ß**e	Spie ?	→	Spie**ß**e
Gra ?	→	Grä**s**er	sü ?	→	sü**ß**er
Flo ?	→	Flö**ß**e	Kie ?	→	Kie**s**elstein
Prei ?	→	Prei**s**e	Strau ?	→	Sträu**ß**e
Gru ?	→	Grü**ß**e	hei ?	→	hei**ß**er
er la ?	→	sie la**s**en	Krei ?	→	Krei**s**e

21

außen – beißen – bloß – dreißig – Fleiß – fleißig – fließen – Floß – Fuß – Gefäß – Geiß – gemäß – genießen – gießen – Gruß – grüßen – heißen – Maße – mäßig – scheußlich – schießen – schließen – schließlich – Schweiß – sprießen – stoßen – Straße – Strauß – weiß

22

B HF [dies]
Dass Menschen bei Föhn unter Kopfweh leiden, **das** ist allgemein
A A A
bekannt. **Das** Wetter und **das** Klima beeinflussen **das** Wohl-
HF [dies]
befinden der Menschen. Nur ist **das** vielen Menschen nicht bewusst. Es gibt
BF [welches]
auch ein Fach, **das** sich mit den Auswirkungen des Wetters auf Körper und
B
Seele beschäftigt. So weiß man, **dass** an trüben Tagen Menschen depressiv
A
sein können. Sensible Menschen spüren **das** Wetter besonders stark.

23

Ich fürchte, **dass das** Gewitter Schäden anrichtet.
Ich fürchte, **das** Gewitter richtet Schäden an.

Ich spüre, **dass das** nicht gutgehen kann.
Ich spüre, **das** kann nicht gutgehen.

Ich hoffe, **dass das** Spiel unentschieden ausgeht.
Ich hoffe, **das** Spiel geht unentschieden aus.

Ich weiß, **dass das** Laufen gesund ist.
Ich weiß, **das** Laufen ist gesund.

[Durch das Weglassen des Bindewortes „dass" rückt der Artikel oder das hinweisende Fürwort vor und die Stellung des Zeitwortes wird verändert.]

Test 3 - s-Schreibung

Anmerkung: Die korrigierten Stellen sind fett gedruckt.
1. Jeder wei**ß**, da**ss** die Stra**ß**e keine Spielwiese ist.
2. Träge dahinflie**ß**ende Bäche verwandeln sich in rei**ß**ende Gewä**ss**er.
3. Ein Be**ss**erwi**ss**er glaubt, stets alles am besten zu wi**ss**en.
4. „Ohne Flei**ß** kein Preis", hei**ß**t ein bekanntes Sprichwort.
5. Die Gäste a**ß**en mit Genu**ss** die hausgemachte Sü**ß**speise.
6. Die mä**ß**igen Ergebni**ss**e einiger drückten den Kla**ss**endurchschnitt.
7. Nach dem schwei**ß**treibenden Anstieg mu**ss**ten wir ein bi**ss**chen rasten.
8. Das heimische Fu**ß**ballteam ist diesmal nur kra**ss**er Au**ß**enseiter.
9. Schlie**ß**lich konnte der Be**ss**ere den Sieg noch an sich rei**ß**en.
10. Der Rei**ß**verschlu**ss** lie**ß** sich nur mit Mühe schlie**ß**en.
11. Der Spie**ß**, der im Gesä**ß** steckte, mu**ss**te herausoperiert werden.
12. Die Au**ß**enwand eines Hauses nennt man Fa**ss**ade.
13. Die meisten ha**ss**en na**ss**e Tage und genie**ß**en hei**ß**es Wetter.
14. Da**ss** es weltweit hei**ß**er wird, das beweisen die Klimame**ss**ungen.
15. Es gab sich keine Blö**ß**e und wu**ss**te alle Aufgaben zu lösen.

4. KAPITEL: SCHREIBUNG LANGER SELBSTLAUTE

24

a/ah:	G**a**s	Z**ah**l	J**ah**r	R**a**d	Gef**ah**r
	f**ah**l	Str**a**fe	Z**ah**n	St**ah**l	F**a**den
e/eh:	z**eh**n	r**e**den	L**eh**m	L**eh**rerin	
	b**e**ten	s**eh**nen	F**eh**ler	Feuerw**eh**r	
o/oh:	R**o**del	R**oh**r	S**oh**n	b**oh**ren	R**o**se
	obw**oh**l	N**o**t	L**oh**n	W**oh**nung	
u/uh:	Kr**u**g	N**u**del	Turm**uh**r	H**uh**n	R**u**te
	St**uh**l	r**u**fen	F**uh**rwerk	kl**u**g	

25

Z**ah**l	→	z**ah**/**äh**len	erz**äh**len	Erz**äh**lung
f**ah**ren	→	gef**äh**rlich	Gef**äh**rte	F**äh**rmann
h**oh**l	→	H**öh**le	aush**öh**len	H**oh**lweg
w**ah**r	→	W**ah**rheit	bew**ah**/**äh**ren	W**äh**rung

J**ah**r	→	j**äh**rlich	ver**jäh**ren	zwei**jäh**rig
z**ah**m	→	z**äh**men	Z**äh**mung	gez**äh**mt

26

aa	**ee**	**oo**
S**aa**t	T**ee**r	Z**oo**
St**aa**t	Blumenb**ee**t	M**oo**r
P**aa**r	B**ee**re	Motorb**oo**t
W**aa**ge	F**ee**	M**oo**s
S**aa**l	M**ee**r	
h**aa**rig	Schn**ee**	
Aal	S**ee**	
	Kl**ee**	
	Sp**ee**r	
	verh**ee**rend	
	l**ee**r	
	S**ee**le	

27

Kab**ine** (kleiner Raum)
Viol**ine** (Geige)
Bedu**ine** (nicht sesshaftes arabisches Volk)
Masch**ine** (Gerät)
Margar**ine** (pflanzliches Speisefett)
Vitr**ine** (Glaskasten)
Mandar**ine** (Südfrucht)
Turb**ine** (Maschine zur Stromerzeugung)
Law**ine** (abrutschende Massen von Schnee)
Mandol**ine** (Zupfinstrument)

28

Lid (Auge) – Lied (Gesang)

Augen**lid***	Volks**lied**	**Lid**schatten*
Liedgut	**Lieder**buch	

* [Lid = Augendeckel; Lidschatten = Schminke am Augenlid]

wider (gegen) – wieder (erneut)

Wiederholung	**Wider**stand	**Wieder**kehr
widerwillig		

Stil (Bauart) – Stiel (Hammer)

Besen**stiel**	Bau**stil***	**Stil**blüte*
Schaufel**stiel**		

* [Stil = Form des Ausdrucks, zB im Bau → Baustil; Stilblüte = ungewollt komische Formulierung, zB „In einer Stunde waren wir gewaschen, angezogen und gefrühstückt."]

Mine (Bleistift usw.) – Miene (Gesicht)

Mienenspiel	Kugelschreiber**mine***	**Minen**suchgerät*
Gold**mine***		

* [Ursprünglich bedeutete Mine = unterirdische Gruben/Gänge von metallhaltigem Gestein → Goldmine, Diamantenmine; jüngerer Gebrauch des Wortes = Sprengkörper → Minensuchgerät zum Aufspüren von im Boden vergrabenen Sprengkörpern; jüngster Gebrauch des Wortes = dünnes Grafitstäbchen → Bleistiftmine, Kugelschreibermine (obwohl nicht aus Grafit).]

29

reiben	→	ich r**ie**b	treiben	→	ich tr**ie**b
rufen	→	ich r**ie**f	halten	→	ich h**ie**lt
weisen	→	ich w**ie**s	fallen	→	ich f**ie**l
laufen	→	ich l**ie**f	meiden	→	ich m**ie**d
schlafen	→	ich schl**ie**f	stoßen	→	ich st**ie**ß

30

ru´ en	→	ruhen	ru – hen
zie´ en	→	ziehen	zie – hen
nä´ en	→	nähen	nä – hen
gedei´ en	→	gedeihen	gedei – hen
bemü´ en	→	bemühen	bemü –hen
beja´ en	→	bejahen	beja – hen
ge´ en	→	gehen	ge – hen
fle´ en	→	flehen	fle – hen
wei´ en	→	weihen	wei – hen
verzei´ en	→	verzeihen	verzei – hen
glü´ en	→	glühen	glü – hen
krä´ en	→	krähen	krä – hen
wie´ ern	→	wiehern	wie – hern
we´ en	→	wehen	we – hen
mä´ en	→	mähen	mä – hen
flie´ en	→	fliehen	flie – hen
dro´ en	→	drohen	dro – hen
blü´ en	→	blühen	blü – hen

31

nä-	→	nä**h**en	nä**h**te
flie-	→	flie**h**en	flo**h**
blü-	→	blü**h**en	blü**h**te
se-	→	se**h**en	sa**h**
dro-	→	dro**h**en	dro**h**te
verzei-	→	verzei**h**en	verzie**h**
ru-	→	ru**h**en	ru**h**te
lei-	→	lei**h**en	lie**h**

32

mähen	→	**Mäh**drescher	ge**mäh**t	die **Mah**d
gehen	→	**Geh**steig	ver**geh**t	er **geh**t
ziehen	→	**Zieh**brunnen	es **zieh**t	die **Zieh**ung
stehen	→	**Steh**lampe	es **steh**t	**Steh**platz

Test 4 - Schreibung langer Selbstlaute

Anmerkung: Die korrigierten Fehlerstellen sind fett gedruckt.

1. D**ie** verl**ie**bten P**aa**re tanzten im Ballsa**al** zu leiser Klav**ier**musik.
2. N**ie**mand konnte d**ie** Regeln zur D**eh**nung fe**hl**erfrei w**ie**dergeben.
3. Obw**ohl** er sich s**ehr** bem**üh**te, f**ie**l der Test w**ie**derum negativ aus.
4. T**ee**r ist ein K**oh**leprodukt und ist v**ie**lseitig verwendbar.
5. Das Kr**äh**en des H**ah**nes g**eh**t den Nachbarn z**ie**mlich auf d**ie** Nerven.
6. M**eh**rere Bew**oh**ner der Insel fl**oh**en aufs offene M**ee**r.
7. D**ie** Teiln**eh**mer des Malkurses n**ah**men gemeinsam am Abendm**ahl** teil.
8. Gew**öh**nlich macht der L**eh**rer eine fr**öh**liche M**ie**ne.
9. Das schwere Sch**ie**nenf**ah**rzeug bl**ie**b im t**ie**fen Schn**ee** stecken.
10. V**ie**le spüren ein T**ie**fdruckwetter in **ih**ren Gl**ie**dmaßen.

11. Fr**üh**aufst**eh**er gen**ie**ßen d**ie** r**uh**igen Morgenstunden.
12. Ein F**ah**rb**ah**nteiler erh**öh**t d**ie** Sicherheit im Straßenverk**eh**r.
13. W**ah**rscheinlich f**üh**rt d**ie** Ausflugsf**ah**rt an einen Gebirgss**ee**.
14. Der Sp**ee**r b**oh**rte sich t**ie**f in d**ie** Z**ie**lscheibe.
15. D**ie** Namen der S**ie**ger st**eh**en auf einer **Eh**rentafel.

5. KAPITEL: SCHREIBUNG VON MITLAUTEN

33

b/p	d/t	g/k
sau**b**er – su**p**er	Ru**t**e – Ru**d**er	Lü**g**e – Lu**k**e
Ta**p**ete – Ta**b**ak	Rö**t**ung – Ro**d**ung	hä**k**eln – ha**g**er
Ra**b**e – ra**p**ide	Mä**d**el – Me**t**er	bal**g**en – Bal**k**en
Rü**b**e – Hu**p**e	Li**t**er – Lie**d**er	ma**k**ellos – ma**g**er

34

kran**k**	weil	krän**k**en	daher auch	Kran**k**heit
kal**t**	weil	käl**t**er	daher auch	Kal**t**front
Wal**d**	weil	Wäl**d**er	daher auch	Wäl**d**chen
Die**b**	weil	Die**b**e	daher auch	Die**b**stahl
Jag**d**	weil	Jag**d**en	daher auch	Jag**d**schein
Fel**d**	weil	Fel**d**er	daher auch	Fel**d**rain
lan**g**	weil	län**g**er	daher auch	unlän**g**st
dringen**d**	weil	dringen**d**er	daher auch	dringen**d**st
er jag**t**	weil	er jag**t**e	daher auch	geja**g**t
Aben**d**	weil	Aben**d**e	daher auch	aben**d**lich

35

v als f gesprochen	v als w gesprochen
Veilchen	Kla**v**ier
Pul**v**er	Ku**v**ert
Kur**v**e	**V**illa
Ner**v**en	**V**ase
Viertel	**V**ulkan
Vogel	ner**v**ös
Skla**v**e	**V**okal
	Ventil

36

<u>**Ver**</u>kehr	**F**ortschritt	<u>**ver**</u>nichten	**F**ersenbein
<u>**vor**</u>sichtig	**F**orscher	<u>**ver**</u>teilen	**f**ertig
<u>**Vor**</u>mittag	**F**ormel	**F**erkel	<u>**vor**</u>eilig
Forelle	<u>**ver**</u>irren	**F**erien	**F**ormat

37

Phantom – **Ph**arao – **Ph**ase – **Ph**ilip – **Ph**iloso**ph** – **Ph**os**ph**or – **Ph**rase – **Ph**ysik

38

A**chs**e – A**chs**el – Bü**chs**e – Da**chs** – dre**chs**eln – Fla**chs** – Fu**chs** – La**chs** – Lu**chs** – O**chs**e – se**chs** – wa**chs**en – We**chs**el – we**chs**eln – Wei**chs**el

39

we**chs**eln	→	We**chs**elgeld	→	verwe**chs**elt	→	Verwe**chs**lung
Te**x**t	→	Te**x**tstelle	→	gete**x**tet	→	Te**x**tilfabrik*
Bü**chs**e	→	Sparbü**chs**e	→	Bu**chs**baum**	→	Bü**chs**enmacher
Fu**chs**	→	Fu**chs**bau	→	Fü**chs**in	→	Fu**chs**schwanz
Lu**x**us	→	lu**x**uriös	→	Lu**x**usjacht	→	Lu**x**ushotel
wa**chs**en	→	Wa**chs**tum	→	gewa**chs**en	→	Haarwu**chs**
bo**x**en	→	Bo**x**er	→	gebo**x**t	→	Bo**x**kampf
A**chs**e	→	dreia**chs**ig	→	A**chs**bruch	→	A**chs**el

* [Alle Wörter sind auf das lateinische Wort *textum* = Gewebe, Geflecht zurückzuführen: Text = Geflecht von Wörtern und Sätzen; Textil = Gewebtes, Geflochtenes, Tuch]
** [Buchsbaum = Strauch, dessen Holz zur Herstellung von walzenförmigen Dosen = Büchsen verwendet wurde]

40

Ko**ks**	→	Ko**ks**ofen	→	verko**ks**en	→	Hüttenko**ks***
Kle**cks**	→	Tintenkle**cks**	→	kle**cks**en	→	gekle**cks**t**
Ke**ks**	→	Ke**ks**dose	→	Ke**ks**erl	→	Weihnachtske**ks**

* [Koks = Brennstoff, der aus Steinkohle gewonnen wird. Dabei wird die Steinkohle unter Luftabschluss erhitzt. In den Eisenhütten (Erzeugungsstätten von Eisen) wird Hüttenkoks zum Schmelzen des Eisenerzes verwendet.]
** [Verwandtschaft mit dem umgangssprachlichen Wort „kleckern" = patzen]

Test 5 - Mitlautschreibung

Anmerkung: Die korrigierten Fehlerstellen sind fett gesetzt.

1. Die tote Wil**d**ente wurde vom Jag**d**hun**d** im **D**ickicht aufgestö**b**ert.
2. Ein Sonnenbran**d** verursacht einen brennen**d**en Schmerz der Haut.
3. Eine kalte **D**usche bei über dreißig Gra**d** bele**b**t die Sinne.
4. Die Badeka**b**inen wurden **v**on **V/W**andalen **v**ollkommen beschä**d**igt.
5. Aber**g**läubische Personen tragen einen **G**lücks**b**ringer bei sich.
6. Es bestan**d** der **d**ringen**d**e **V**er**d**acht, dass er die Bank ausgerau**b**t hatte.
7. Der ner**v**öse **V**ertei**d**iger **v**erursachte ein entscheiden**d**es Eigentor.
8. Im **v**erwahrlosten **D**orf le**b**ten nur mehr **g**reisenhafte Menschen.
9. Frisches Ge**b**äck **d**uftet **v**erführerisch und macht Appetit.
10. Seit der Erfin**d**ung des Schießpul**v**ers hat sich **v**ieles verän**d**ert.
11. Einen Tintenkle**cks** nennt man im **V**olksmun**d** auch Patzen.
12. Die **V**erwe**chs**lung von Pilzen hat **v**ielfach **v**erheeren**d**e Folgen.
13. Im Aus**v**erkauf locken Firmen oft mit satten Ra**b**atten.
14. Ein Kilo hat hun**d**ert **D**eka**g**ramm oder tausen**d** **G**ramm.
15. **B**iologie und **Ph**ysik zählen zu den Naturwissenschaften.

6. KAPITEL: SCHREIBUNG VON UMLAUTEN UND ZWIELAUTEN

41

hässlich	←	Hass	zufällig	←	Zufall
herzlich	←	Herz	mächtig	←	Macht
Kätzchen	←	Katze	beschwerlich	←	schwer
Erkältung	←	kalt	schläfrig	←	Schlaf

42

gläubig	←	Glaube	Gehäuse	←	Haus
feurig	←	Feuer	Geräusch	←	rauschen
Verkäufer	←	kaufen	bereuen	←	Reue
träumen	←	Traum	gekreuzt	←	Kreuz

43

ähnlich – **Äh**re – allm**äh**lich – B**ä**r – best**ä**tigen – d**ä**mmern – Di**ä**t – f**äh**ig – g**äh**nen – Gr**ä**tsche – j**ä**ten – K**ä**fer – K**ä**fig – Kapit**ä**n – Kr**äh**e – L**ä**rm – M**äh**ne – M**ä**rchen – Sch**ä**del – schr**ä**g – sp**äh**en – Str**äh**ne – Tr**ä**ne

44

1. Elternloses Kind:	WAISE	5. Kukuruz:	MAIS
2. Herrscher:	KAISER	6. Gitarren…:	SAITE
3. Brotform:	LAIB	7. Wirbelsturm:	TAIFUN
4. Fischeier:	LAICH	8. Raubfisch:	HAI

45

H**ai** – K**ai**ser – L**ai**b – L**ai**ch – M**ai**s – S**ai**te – T**ai**fun – W**ai**se

46

W**ai**se	→	W**ai**senkind	→	Halbw**ai**se	→	W**ai**senknabe
L**ei**b	→	L**ei**bwache	→	l**ei**bhaftig	→	L**ei**bwächter
S**ai**te	→	Gitarrens**ai**te	→	Darms**ai**te	→	S**ai**teninstrument
w**ei**se	→	W**ei**sheit	→	W**ei**ssager	→	W**ei**sheitszahn
S**ei**te	→	Buchs**ei**te	→	s**ei**tlich	→	s**ei**tenlang
L**ai**b	→	Brotl**ai**b	→	Käsel**ai**b	→	Fleischl**ai**bchen

Test 6 – e/ä, eu/äu, ei/ai

Anmerkung: Die korrigierten Fehlerstellen sind fett gedruckt.

1. Die Sonnenbr**äu**ne verschwindet w**äh**rend der Winterzeit.
2. Mädchen spielen eher ein S**ai**teninstrument als Knaben.
3. In der Dämmerung herrscht g**äh**nende Leere auf den Plätzen.
4. Er blieb mit dem Sakkoärmel am Stiegengeländer hängen.
5. Der T**ai**fun hinterließ große Schäden.
6. Ein Rasenm**äh**er verursacht einen ohrenbet**äu**benden Lärm.
7. Der Leibw**ä**chter schützt den Präsidenten vor Attent**ä**tern.
8. Die grässliche Wunde am Sch**ä**del war lebensgef**äh**rlich.
9. In W**ai**senh**äu**sern leben hauptsächlich Vollw**ai**sen.
10. Fleischl**ai**bchen z**äh**len nicht als Di**ä**tspeise.
11. In welchem M**ä**rchen wurde Hänsel in einen K**ä**fig gesperrt?
12. Der gefr**äß**ige Wolf wollte Rotk**ä**ppchen verzehren.
13. Der K**ai**ser trug eine Sch**ä**rpe und einen S**ä**bel.
14. Die meisten Länder Europas haben eine einheitliche W**äh**rung.
15. Der Verk**äu**fer ver**ä**rgerte Kunden mit seinem Geschw**ä**tz.

7. KAPITEL: ZEITWORT (VERB)

47

LERNEN	DRACHEN	SÜDEN	SINGEN	LESEN	HOPFEN
HEBEN	SPIELEN	FOHLEN	FRIEDEN	MALEN	SPRINGEN
BRUNNEN	BRUMMEN	GARTEN	BACKEN	HÜPFEN	SCHLITTEN

48

jemanden LIEBEN	auf bunten LIEGEN*	im GRÜNEN** Wald
mit LIEBEN** Grüßen	im Gras LIEGEN	Bäume GRÜNEN
lästige FLIEGEN*	das Mehl SIEBEN	zur Seite WEICHEN
nach Amerika FLIEGEN	mit SIEBEN*** Jahren	die WEICHEN** Birnen

* [Namenwörter] ** [Eigenschaftswörter] *** [Zahlwort]

49

Anmerkung: Die Vollverben sind dunkelgrau unterlegt, die Hilfsverben hellgrau. Die Modalverben sind unterstrichen.

1. So sehr er sich auch bemüht, er kann sich bei der Arbeit nicht konzentrieren.
2. Wenn es blitzt und donnert, soll man nicht im Freien verweilen.
3. Er hat gesehen, wie der Blitz in die hohe Fichte eingeschlagen hat.
4. Wenn du dich gründlich vorbereitest, wirst du die Prüfung schaffen können.

50

er liest	→	lesen	lies!	lest!
du fährst	→	fahren	fahr(e)!	fahrt!
ich lächle	→	lächeln	lächle!	lächelt!
ihr klettert	→	klettern	klettere!	klettert!
sie gibt	→	geben	gib!	gebt!

51

Anmerkung: Die Personalformen sind fett gedruckt.

„Du **bist** immer so langsam. Du **gehst** langsam, du **sprichst** langsam. **Gibt** es auch etwas, bei dem du schnell **bist**?“

Felix **denkt** nach und **antwortet**: „Ja, ich **werde** schnell müde.“

52

1. Komm**t** ihr morgen zu uns?	2. Person	MZ
2. Die beiden geh**en** ins Kino.	3. Person	MZ
3. Komm**st** du mit?	2. Person	EZ
4. Am liebsten spiel**e** ich mit Freunden.	1. Person	EZ
5. Wir bestimm**en** die Personalformen.	1. Person	MZ
6. Eis schmilz**t** bei mehr als 0 Grad.	3. Person	EZ

53

1. Felix hat gestern in der Schule gefehlt.	Vergangenheit
2. Er wird doch nicht verschlafen haben?	Vorzukunft
3. Der Wecker läutet immer um sechs Uhr.	Gegenwart
4. Weil Felix den Alarm nicht eingestellt hatte, …	Vorvergangenheit
5. Der Wecker rasselte nicht.	Mitvergangenheit
6. Felix wird sich bei seiner Lehrerin entschuldigen.	Zukunft

54

1. grüßen	ich grüße	ich grüßte*	ich habe gegrüßt	ich hatte gegrüßt	ich werde grüßen
2. hoffen	ich hoffe	ich hoffte*	ich habe gehofft	ich hatte gehofft	ich werde hoffen
3. fragen	ich frage	ich fragte*	ich habe gefragt	ich hatte gefragt	ich werde fragen
4. reden	ich rede	ich redete*	ich habe geredet	ich hatte geredet	ich werde reden

* [schwache Zeitwörter, weil sie sich in den Vergangenheitsformen nur schwach ändern; der Wortstamm bleibt gleich]

55

ich schreibe	→	ich schrieb*	er trinkt	→	er trank*
er fliegt	→	er flog*	wir schneiden	→	wir schnitten*
wir bleiben	→	wir blieben*	ich lüge	→	ich log*
sie gehen	→	sie gingen*	es kommt	→	es kam*
er schläft	→	er schlief*	sie scheint	→	sie schien*

* [starke Zeitwörter, weil sie sich in den Vergangenheitsformen stark ändern; der Wortstamm verändert sich]

Test 7 - Zeitwörter

	Person	Zahl	Zeitform
1. ihr seid gegangen	2. Person	Mehrzahl	V
2. du wirst sehen	2. Person	Einzahl	Z
3. wir haben gelacht	1. Person	Mehrzahl	V
4. ich hatte geträumt	1. Person	Einzahl	VV
5. sie schreiben	3. Person	Mehrzahl	G
6. sie ist gestanden	3. Person	Einzahl	V
7. wir schliefen	1. Person	Mehrzahl	MV
8. er war gelaufen	3. Person	Einzahl	VV
9. es regnete	3. Person	Einzahl	MV
10. ich werde kommen	1. Person	Einzahl	Z
11. ihr lest	2. Person	Mehrzahl	G
12. du hast gegessen	2. Person	Einzahl	V
13. sie sprach	3. Person	Einzahl	MV
14. er ist geflogen	3. Person	Einzahl	V
15. wir hatten gelesen	1. Person	Mehrzahl	VV

8. KAPITEL: NAMENWORT (NOMEN, SUBSTANTIV)

56

RUND	<u>LUST</u>	LUSTIG	<u>MEHL</u>	UND	<u>GOLD</u>
<u>STADT</u>	HEITER	<u>GLÜCK</u>	<u>EISEN</u>	<u>MUT</u>	KALT
KLEIN	<u>PLASTIK</u>	VOLL	<u>ALTER</u>	WANN	<u>FRIEDE</u>
<u>OBST</u>	HART	<u>TIGER</u>	<u>KLEID</u>	<u>BRILLE</u>	STILL
<u>LAUNE</u>	<u>SEIFE</u>	WEICH	WENN	<u>WOLLE</u>	SALZIG

die Lust, das Mehl, das Gold, die Stadt, das Glück, das Eisen, der Mut, das/die Plastik, das Alter, der Friede, das Obst, der Tiger, das Kleid, die Brille, die Laune, die Seife, die Wolle

57

WAS BRAUCHT DER MENSCH ZUM GLÜCK?
FERNWEH, MEER UND PALMENSTRAND,
SONNE, HITZE, FEINEN SAND.
DAS WASSER GENIESSEN MIT VOLLER LUST,
SCHLUSS IST DA MIT ALLTAGSFRUST.

Konkreta	**Abstrakta**
der Mensch	das Glück
das Meer	das Fernweh
der Palmenstrand	die Hitze
die Sonne	die Lust
der Sand	der Schluss
das Wasser	der Alltagsfrust

58

1. Der Millstätter See ist der tiefste See Kärntens.
2. In Österreich leben viele Menschen mit den Familiennamen Müller und Maier.
3. Am Freitag beginnt für viele Beschäftigte das Wochenende.
4. In den Monaten Juni, Juli und August ist bei uns Sommer.

59

männliches Geschlecht	**weibliches Geschlecht**	**sächliches Geschlecht**
der Pilz	die Bürste	das Brot
der Spiegel	die Pumpe	das Brett
der Sommer	die Musik	das Märchen
der Zucker	die Nuss	das Mehl
der Ball	die Brille	das Spiel
der Sack	die Maus	
	die Karte	

60

der Teer	→	m. G.	**das** Gramm	→	s. G.
der/das Meter	→	m./s. G.	**die** Zwiebel	→	w. G.
das Radio	→	s. G.	**der** Teller	→	m. G.
die Kartoffel	→	w. G.	**der** Monat	→	m. G.
der/das Liter	→	m./s. G.	**die** Butter	→	w. G.

61

die Stehleiter	–	**der** Heimleiter
der Filzstift	–	**das** Benediktinerstift
das Geschäftsschild*	–	**der** Rundschild
der Buchband	–	**das** Haarband
die Schwarzkiefer	–	**der** Unterkiefer

* [Merkhilfe: das Geschäft, das Schild *oder* der Ritter, der Schild]

62

Anmerkung: Die Veränderungen am Wort sind in den Mehrzahlformen fett gedruckt.

der Bär	→	die Bär**en**	der Hut	→	die H**ü**t**e**
das Radio	→	die Radio**s**	das Mädchen	→	die Mädchen
das Fass	→	die F**ä**ss**er**	das Auto	→	die Auto**s**
der Vogel	→	die V**ö**gel	das Tier	→	die Tier**e**
der Strauch	→	die Str**äu**ch**er**	das Rind	→	die Rind**er**
die Zange	→	die Zange**n**	das Kalb	→	die K**ä**lb**er**

63

Anmerkung: Die Veränderungen in den Mehrzahlformen sind fett gedruckt.

die Schüssel	→	die Schüssel**n***	der Schlüssel	→	**die** Schlüssel
der Finger	→	**die** Finger	die Schachtel	→	die Schachtel**n***
die Semmel	→	die Semmel**n***	die Kammer	→	die Kammer**n***
das Kabel	→	**die** Kabel	der Hobel	→	**die** Hobel
das Zimmer	→	**die** Zimmer	der Käfer	→	**die** Käfer
die Kugel	→	die Kugel**n***	der Kegel	→	**die** Kegel

* [Das n wird nur bei weiblichen Namenwörtern angehängt. Aufgrund des gleichen Artikels in der Ein- und Mehrzahl könnte man sonst den Unterschied zwischen Einzahl und Mehrzahl nicht zum Ausdruck bringen. Im Dialekt wird bei Wörtern auf -el und -er oft ein n angehängt.]

64

Anmerkung: In eckiger Klammer findest du eine Möglichkeit, wie du die Mehrzahl ausdrücken kannst.

Tisch – <u>Sport</u> [die Sportarten] – Heft – <u>Gemüse</u> [die Gemüsesorten] – <u>Schmutz</u> [die Schmutzflecken, die Schmutzteilchen] – Stuhl – <u>Wärme</u> – <u>Musik</u> [die Musikstücke, aber auch: die Musiken (= Musikarten)] – Bett – Hut –<u>Zucker</u> [Zuckersorten] – Wald – <u>Staub</u> [die Staubkörnchen, aber auch: die Staube/Stäube] – Fuß – <u>Gold</u> [die Goldklumpen, die Goldmünzen] – Rad – <u>Klima</u> [die Klimata; selten: die Klimas] – Kamm – <u>Afrika</u> – <u>Einzahl</u> [die Einzahlformen]

65

1. <u>Der Autolärm</u> stört besonders in der Nacht.	→	1. Fall, EZ
2. Der Bauer gibt <u>den Kälbern</u> frisches Futter.	→	3. Fall, MZ
3. Der Arzt untersucht <u>die Patienten</u>.	→	4. Fall, MZ
4. Er verschreibt <u>den Patienten</u> Pillen.	→	3. Fall, MZ
5. <u>Gute Sonnenbrillen</u> schützen unsere Augen.	→	1. Fall, MZ
6. Die Produktion <u>der Elektroautos</u> nimmt zu.	→	2. Fall, MZ

66

Anmerkung: Die angehängten Genitiv-Endungen sind fett gedruckt.

der Wald	→	des Wald(**e**)**s***	die Schule	→	der Schule
das Herz	→	des Herz**ens**	der Schmerz	→	des Schmerz**es**
der Name	→	des Name**ns**	der Hase	→	des Hase**n**
das Rad	→	des Rad(**e**)**s***	der Fuß	→	des Fuß**es**
die Wurst	→	der Wurst	das Ende	→	des Ende**s**

*[Aus sprechrhythmischen Gründen bevorzugen viele die Endung -es. Durch diese Endung wird das Wort zweisilbig: des Wal-des, des Ra-des und klingt rhythmisch.]

67

Anmerkung: Das angehängte Dativ-n ist fett gedruckt.

mit dem Freund	→	mit den Freunde**n**
mit dem Auto	→	mit den Autos
mit der Füllfeder	→	mit den Füllfedern [kein Dativ-n angehängt, weil n in der Mehrzahl bereits vorhanden – die Füllfedern]
mit der Schere	→	mit den Scheren [kein Dativ-n angehängt, weil n in der Mehrzahl bereits vorhanden – die Scheren]
mit dem Computer	→	mit den Compute**rn**
mit dem Buch	→	mit den Büche**rn**
mit dem Kind	→	mit den Kinder**n**
mit der Lehrerin	→	mit den Lehrerinnen [kein Dativ-n angehängt, weil n in der Mehrzahl bereits vorhanden – die Lehrerinnen]

Test 8 – Namenwörter

	Geschlecht	Zahl	Fall
1. Im Zuge der Grabungen entdeckte man Steinwerkzeuge.	w.	MZ	2. F.
2. Im Museum sind zahlreiche Fundstücke ausgestellt.	s.	MZ	1. F.
3. Das siegreiche Team genießt den Erfolg.	m.	EZ	4. F.
4. Das Publikum applaudierte der erfolgreichen Mannschaft.	w.	EZ	3. F.
5. Mit den Leistungen des Schiedsrichters war man zufrieden.	m.	EZ	2. F.
6. Er hat für Tiere ein großes Herz.	s.	EZ	4. F.
7. Manche Eltern verwöhnen ihre Kinder.	s.	MZ	4. F.
8. Manche misstrauen fremden Menschen.	m.	MZ	3. F.
9. Früher bestimmte man die Tageszeit nach dem Sonnenstand.	w.	EZ	4. F.
10. Das Mittelalter hatte viele Gesichter.	s.	MZ	4. F.
11. Dem Gewinner winkt ein wertvoller Preis.	m.	EZ	3. F.
12. Sie begleitete ihren Chef ins Ausland.	m.	EZ	4. F.
13. Die Qualität der Waren bestimmt den Preis.	w.	MZ	2. F.
14. Naturkatastrophen fordern oft viele Menschenleben.	s.	MZ	4. F.
15. Das Bestimmen der Fälle ist für mich ein Kinderspiel.	m.	MZ	2. F.

9. KAPITEL: EIGENSCHAFTSWORT (ADJEKTIV)

68

Traumobjekt
Großzügige Villa mitten in einer traumhaften Parklandschaft; geplant von dem berühmten Architekten S. Holl; weitläufiger Wohnsalon mit offenem Kamin und direktem Zugang zu einer sonnigen Terrasse; zahlreiche Räume zur vielfältigen Verwendung

Luxuriöse Wohnungen
als Eigentum zu erwerben; moderate Anzahlung und langfristige Rückzahlraten; gemeinsame Grünfläche mit einem biologischen Schwimmteich; zwei großzügige Autoabstellplätze pro Wohneinheit

69

Hallo, lieb**e** Downhill-Racer!
Gleich fällt der Startschuss zum groß**en** Preis von Berghausen. Am Start ist auch der stark**e** Biker Hugo Pech. Er ist heute haushoh**er** Favorit. Nach einem schnell**en** Start mit seinem brandneu**en** Bike holt sich Hugo einen riesengroß**en** Vorsprung heraus. Ein klar**er** Sieg scheint sich anzubahnen. Da! Was ist los? In einer steil**en** Kurve stürzt Hugo. Er hat einen sicher**en** Sieg verschenkt. Der unverletzt**e** Hugo steht mit einer todernst**en** Miene auf. Sein neu**es** Rad hat einen Totalschaden.

70

der lang**e** Mantel, des lang**en** Mantels, dem lang**en** Mantel, den lang**en** Mantel
die lang**e** Hose, der lang**en** Hose, der lang**en** Hose, die lang**e** Hose
das lang**e** Kleid, des lang**en** Kleides, dem lang**en** Kleid, das lang**e** Kleid

71

1. bunt	bunter	am buntesten*
2. dick	dicker	am dicksten
3. trocken	trockener	am trockensten
4. schwach	schwächer	am schwächsten
5. grob	gröber	am gröbsten
6. dumm	dümmer	am dümmsten
7. hoch	höher	am höchsten
8. süß	süßer	am süßesten*

* [Endung -esten bei allen Eigenschaftswörtern, die auf -d (am mildesten), -t (am härtesten), -s (am weisesten), -ß (am heißesten), -ss (am nassesten), -z (am schwärzesten), -sch (am frischesten) enden]

72

1. Meine Eltern sind so alt **wie** deine.
2. Komm bitte so schnell **wie** möglich!
3. Er spielt besser **als** alle anderen.
4. Er ist schnell **wie** der Blitz.
5. Max ist klüger **als** Xaver.
6. Niemand ist so schlau **wie** Andi.
7. Er verdient weniger **als** sie.
8. Lisa springt höher **als** Ulli.

73

nicht den **geringsten** Zweifel	mit **größter** Vorsicht	bei **bester** Gesundheit
mit **herzlichsten** Grüßen	in **schönster** Lage	in **höchster** Gefahr
der **neu(e)ste*** Computer	die **nächsten** Verwandten	das **schnellste** Auto

*[der **neuste** Computer – diese Form gilt auch als richtig; mehrheitlich wird aber die Endung -est verwendet]

Test 9 – Eigenschaftswörter

Anmerkung: 3 Häkchen pro Beispiel für 3 Entscheidungen: EW unterstreichen, Gebrauch bestimmen, Vergleichsform bestimmen

1. Er lief <u>am schnellsten</u> von allen.	umstandswörtlich*	Meiststufe
2. Das <u>beste</u> Team soll gewinnen.	beifügend	Meiststufe
3. Er zahlte eine <u>größere</u> Summe.	beifügend	Mehrstufe
4. <u>Frisches</u> Obst enthält Vitamine.	beifügend	Grundstufe
5. Er ist <u>fleißig</u> wie nie zuvor.	aussagend	Grundstufe
6. Florian sprang <u>höher</u> als Fred.	umstandswörtlich*	Mehrstufe
7. Er wählte die <u>sicherste</u> Route.	beifügend	Meiststufe
8. Er grüßte alle <u>herzlichst</u>.	umstandswörtlich*	Meiststufe
9. Er handelte mit <u>höchster</u> Vorsicht.	beifügend	Meiststufe
10. Ein <u>leerer</u> Bauch steht nicht.	beifügend	Grundstufe
11. Mit <u>vollem</u> Mund redet man nicht.	beifügend	Grundstufe
12. Tobias war <u>am schnellsten</u>.	aussagend	Meiststufe
13. Kalbfleisch ist <u>teurer</u> als Rindfleisch.	aussagend	Mehrstufe
14. Buchsbaum wächst <u>langsam</u>.	umstandwörtlich*	Grundstufe
15. Das Wetter wird wieder <u>schöner</u>.	aussagend	Mehrstufe

* [Das umstandswörtlich gebrauchte Eigenschaftswort bezieht sich auf das Zeitwort = Verb. Umstandswörtlich gebrauchte Eigenschaftswörter werden in Fremdsprachen oft anders

gebildet als die beifügend gebrauchten. In Englisch wird an die meisten umstandswörtlich gebrauchten EW die Endung -ly angehängt.]

10. KAPITEL: FÜRWORT (PRONOMEN)

74

1. Hast du heute Lust auf eine Radtour?	2. P	EZ	1. F
2. Das habe ich bitter bereut.	1. P	EZ	1. F
3. Meine Eltern laden dich zum Fest ein.	2. P	EZ	4. F
4. Wir feiern nämlich Vaters Geburtstag.	1. P	MZ	1. F
5. Viele Gäste kommen zu uns.	1. P	MZ	3. F
6. Alle werden ihm gratulieren.	3. P	EZ	3. F
7. Bestimmt wird er sich freuen.	3. P	EZ	1. F

75

1. Auf dem Foto bin **ich** als Cowboy zu sehen. (1. P, EZ, 1. F)
2. Wo bist **du** auf dem Bild? (2. P, EZ, 1. F)
3. Hinter **dir** sieht man Paul als Indianer. (2. P, EZ, 3. F)
4. Neben **ihm** steht Ulli. (3. P, EZ, 3. F)
5. Meine Mutter hat **uns** fotografiert. (1. P, MZ, 4. F)

76

Ich habe **ihn**** nicht gesehen.	Ich vertraue **ihm***.
Max schenkt **ihm*** Gehör.	Alle haben **ihn**** geliebt.
Ich habe ein Foto von **ihm***.	Ich war gestern bei **ihm***.

* [Ersatzprobe mit mir/dir möglich → 3. Fall → ihm]
** [Ersatzprobe mit mich/dich möglich → 4. Fall → ihn]

77

In unser**em** Garten gibt es morgen ein Sommerfest. Ich habe mein**e** Schulfreunde dazu eingeladen. Auch unser**e** Nachbarn werden kommen. Sie nehmen ihr**e** beiden Kinder mit. Vater wird unser**en** Garten mit Lampions schmücken. Dabei werden ihm sein**e** Freunde helfen. Mama wird ihr**en** berühmten Rinderbraten servieren. Dazu gibt es Birnensaft und Birnensekt aus den Früchten unser**es** Obstgartens.

78

1. Ich helfe meinem Freund.	1. P	EZ	3. F
2. Wir haben unsere Aufgaben erledigt.	1. P	MZ	4. F
3. Die Chefs vertrauen ihren Mitarbeitern.	3. P	MZ	3. F
4. Ihr sollt eure Pflichten und Rechte kennen.	2. P	MZ	4. F
5. Unsere Geduld ist am Ende.	1. P	MZ	1. F
6. Wo liegt das Haus deines Onkels?	2. P	EZ	2. F

79

EZ	unser Hund	unseres Hundes	unserem Hund	unseren Hund
MZ	unsere Hunde	unserer Hunde	unseren Hunden	unsere Hunde
EZ	eure Katze	eurer Katze	eurer Katze	eure Katze
MZ	eure Katzen	eurer Katzen	euren Katzen	eure Katzen
EZ	ihr Pferd	ihres Pferdes	ihrem Pferd	ihr Pferd
MZ	ihre Pferde	ihrer Pferde	ihren Pferden	ihre Pferde

Test 10 – Fürwörter

1. Sie fanden ihre Tickets nicht.	bes. FW	3. P	MZ
2. Eva suchte ihren Kuli.	bes. FW	3. P	EZ
3. Er war nicht zu finden.	pers. FW	3. P	EZ
4. Sie brauchte ihn aber dringend.	pers. FW	3. P	EZ
5. Er war ihr Lieblingskuli.	bes. FW	3. P	EZ
6. Das Auto meines Vaters ist alt.	bes. FW	1. P	EZ
7. Es hat oft Pannen.	pers. FW	3. P	EZ
8. Vater will es verkaufen.	pers. FW	3. P	EZ
9. Wie geht es euren Freunden?	bes. FW	2. P	MZ
10. Wer hat euch das verraten?	pers. FW	2. P	MZ
11. Ich bin enttäuscht von ihnen.	pers. FW	3. P	MZ
12. Deine Ruhe möchte ich haben!	bes. FW	2. P	EZ
13. Wollt ihr uns besuchen?	pers. FW	1. P	MZ
14. Da habt ihr unsere Adresse.	bes. FW	1. P	MZ
15. Hast du ihm etwas gesagt?	pers. FW	3. P	EZ

11. KAPITEL: SATZARTEN UND SATZGLIEDER

80

1. Könnte ich doch länger schlafen (!) Wunschsatz
2. Morgenstund' hat Gold im Mund (.) Aussagesatz
3. Hör doch endlich zu (!) Aufforderungssatz
4. Wo hast du die Pilze gefunden (?) Fragesatz
5. Gott sei Dank (!) Ausrufesatz
6. Wasser siedet bei 100 Grad (.) Aussagesatz

81

1. Der Lehrer ersucht höflich: „Nehmt die Arbeitsbücher heraus (.)" [ohne Nachdruck]
2. Ein Autofahrer schreit erzürnt: „Idiot, pass besser auf (!)" [mit Nachdruck]
3. Die Mutter tröstet: „Sei nicht traurig (.)" [ohne Nachdruck]
4. Im Mathematikbuch steht: „Konstruiere einen Kreis mit r = 5 cm (.)" [ohne Nachdruck]
5. Der Lehrer warnt: „Kommt ja nicht noch einmal zu spät (!)" [mit Nachdruck]

82

1. Wer kann die Frage beantworten? = Ergänzungsfrage*
2. Wann geht der nächste Zug? = Ergänzungsfrage*
3. Spielst du Tennis? = Entscheidungsfrage**
4. Wohin fliegt ihr im nächsten Sommer? = Ergänzungsfrage*
5. Willst du mitkommen? = Entscheidungsfrage**

* [Ergänzungsfrage wird mit einem Fragewort eingeleitet; in verkürzter Form wird auf die Frage geantwortet. Zum Beispiel: Wohin fliegt ihr im nächsten Sommer? Mögliche Antworten: Wissen wir noch nicht. Vielleicht nach Fuerteventura. Wir bleiben zu Hause.]

** [Entscheidungsfrage wird durch Personalform des Zeitwortes eingeleitet; als Antwort wird ein Ja oder ein Nein erwartet.]

83

Anmerkung: Die Satzaussage ist dunkelgrau, der Satzgegenstand hellgrau unterlegt. Die Ergänzungen (Objekte) sind unterstrichen.

1. Am Mittwoch entfiel eine Stunde.
2. Jede Woche geht sie ins Kino.
3. Bei 100 Grad siedet das Wasser.
4. In den Ferien fährt Felix in die Berge.
5. Die Enns mündet in die Donau.
6. Den Sommer verbringen viele am Meer.
7. Das Reisebüro empfiehlt dieses Hotel.
8. Das Team verlor in der Schlussminute.

84

Anmerkung: Die Satzaussage ist dunkelgrau unterlegt.

1. Er **hat** seinen Atlas **vergessen**.
2. Gestern **bin** ich im Kino **gewesen**.
3. Jeder von uns **kennt** sich gut **aus**.
4. Sie **kann** schon gut **schwimmen**.
5. Er **will** nächste Woche **kommen**.
6. Morgen **wird** es vielleicht **regnen**.
7. Leise **schleicht** sich die Katze **an**.
8. Der Unterricht **endet** zu Mittag.

85

Anmerkung: Der Satzgegenstand ist unterstrichen, die Satzaussage grau unterlegt.

1. <u>Ich</u> (wollen) **will** meine Freunde zum Gartenfest **einladen**.
2. <u>Ihr</u> (sollen) **sollt** gute Laune, aber keine Geschenke **mitbringen**.
3. <u>Niemand von den Eingeladenen</u> (haben) **hat*** **abgesagt**.
4. Hoffentlich (halten) **hält**** <u>das schöne Wetter</u> bis morgen **an**.

* [„Niemand" bestimmt hier die Einzahl in der Satzaussage, daher „hat".
Aber: Die Eingeladenen haben abgesagt.]

** [Umgangssprachlich wird oft „haltet" statt „hält" gesagt. Korrekt: ich halte, du hältst, er hält, wir halten, ihr haltet, sie halten; halte! haltet!]

86

Anmerkung: Die Ergänzungen sind unterstrichen.

1. Die schlampige Ausführung spottet <u>jeder Beschreibung</u> (O2).
2. Mein Vater schenkt <u>meiner Mutter</u> (O3) <u>einen Rosenstrauß</u> (O4).
3. Der Autor las <u>dem Publikum</u> (O3) <u>seine spannendste Geschichte</u> (O4) vor.
4. <u>Meinen Lehrer</u> (O4) stört der Klassenlärm.
5. Der Richter waltete <u>seines Amtes</u> (O2).
6. <u>Dem Angeklagten</u> (O3) glaubte der Richter <u>kein Wort</u> (O4).
7. Die Kinder beobachteten <u>eine Schlange</u> (O4).
8. Der Hund gehört <u>unserem Nachbarn</u> (O3).

87

1. Der Lehrer begrüßte	**die anwesenden Eltern**.	O4
2. Der Obmann gratulierte	**dem siegreichen Team**.	O3
3. Die Eltern verziehen	**dem reuigen Sohn**.	O3
4. Das Publikum bewunderte	**die sensationellen Kunststücke**.	O4
5. Die Leute applaudierten	**dem wagemutigen Artisten**.*	O3
6. Der Verein unterstützt	**die Not leidende** ** **Familie**.	O4

* [Die vier Fälle in der Einzahl lauten: der Artist, des Artisten, dem Artisten, den Artisten.]

** [die Not leidende Familie = die notleidende Familie]

88

1. <u>Entlang des Flusses</u> (**Wo?**) stehen Weiden und Erlen.
2. Das Rohöl wird <u>aus großen Tiefen</u> (**Woher?**) gefördert.
3. Die meisten Fahrgäste steigen <u>vorne</u> (**Wo?**) ein.

Wie weit?
4. Manche Läufer gehen bis an ihre Grenzen.

89

Wie lange?
1. Das Tennisspiel dauerte über drei Stunden.

Wann?
2. Gegen Ferienende freuen sich manche auf den Schulanfang.

Wie oft?
3. Die Straßen werden zwei Mal im Jahr gereinigt.

Bis wann?
4. Er las bis spät in die Nacht das spannende Buch.

90

Warum? BE
1. Wegen einer schweren Verletzung musste der Sportler pausieren.

Wie? AE
2. Er ging mit großer Begeisterung an die Arbeit.

Wie? AE
3. Früher legten die Menschen weite Strecken zu Fuß zurück.

Wozu? BE
4. Der Patient fuhr zur Genesung ans Tote Meer.

Test 11 - Satzarten und Satzglieder

Anmerkung: Die Satzaussage ist dunkelgrau, der Satzgegenstand hellgrau unterlegt.

1. Kannst du die Objekte in einem Satz erkennen (?)	Fragesatz
2. Setz nach jedem Satz ein Satzschlusszeichen (.)*	Aufforderungssatz [ohne Nachdruck]
3. So eine Affenhitze (!)**	Ausrufesatz
4. Hätte ich doch einen Geldesel (!)	Wunschsatz
5. Wo wurde W. A. Mozart geboren (?)	Fragesatz
6. Gib doch endlich Ruhe (!)*	Aufforderungssatz [mit Nachdruck]
7. Nach Regen folgt Sonnenschein (.)	Aussagesatz
8. Hoch lebe das Geburtstagskind (!)	Wunschsatz
9. Wie lange dauerte der 2. Weltkrieg (?)	Fragesatz
10. Endlich Ferien (!)**	Ausrufesatz
11. Wer kann da widerstehen (?)	Fragesatz
12. Der Unfall ereignete sich an einer gefährlichen Kreuzung (.)	Aussagesatz
13. Die beiden Fahrer kamen mit dem Schrecken davon (.)	Aussagesatz
14. Steh doch endlich auf (!)*	Aufforderungssatz [mit Nachdruck]
15. Nie wieder Krieg (!)**	Ausrufesatz

* [In Aufforderungssätzen fehlt meist das Subjekt. Man muss sich das Subjekt hinzudenken: Gib (du) doch endlich Ruhe!]

** [Bei diesen Ausrufen fehlt das Prädikat. Bei einem solchen „satzwertigen Ausdruck" kann man sich aber das Prädikat hinzudenken: Endlich (sind) Ferien! Nie wieder (soll) Krieg (sein)!]

12. KAPITEL: INFORMATIONEN AUS SACHTEXTEN ENTNEHMEN

91

Anmerkung: Die Schlüsselwörter sind grau unterlegt.
Johannes Gutenberg
Johannes Gensfleisch von Sorgenloch, besser bekannt als Johannes Gutenberg, wurde in Mainz um das Jahr 1400 geboren. Er gilt als Erfinder des Buchdrucks mit beweglichen Lettern aus Metall und ist somit der eigentliche Erfinder der Druckerpresse: Mit seinen neuen Ideen revolutionierte er die bis dahin gängigen Methoden der Buchproduktion und löste dadurch eine Medienrevolution aus. Der Buchdruck nach Gutenberg breitete sich schnell im Kontinent Europa und in weiterer Folge in der ganzen Welt aus. Als sein Hauptwerk gilt die Gutenberg-Bibel. Sie wird besonders für ihre hohe Druckqualität gerühmt. Johannes Gutenberg starb am 3. Februar 1468.

92

Anmerkung: Die Schlüsselwörter sind grau unterlegt.

1. Gutenbergs Erfindung der Druckerpresse war eine Weiterentwicklung der damals gebräuchlichen Spindelpresse, die schon länger bei der Papierherstellung und beim Pressen von Früchten eingesetzt wurde.
2. Ein Drehen an der Spindel hatte die Abwärtsbewegung der motierten Metallplatte zur Folge, die den so entstehenden Druck gleichmäßig auf die Unterlage des Druckstocks verteilte.
3. Die Unterlage war auf einem beweglichen Karren montiert, an dem der aufklappbare Deckel, in den das zu bedruckende Papier eingelegt wurde, befestigt war.

93

1. Leistung Gutenbergs: alle Komponenten des Buchdrucks zu einem Produktionsprozess zusammengeführt, Massenproduktion von Büchern durch Maschinen
2. 1997: Buchdruck nach Gutenberg zur bedeutendsten Erfindung des zweiten Jahrtausends gewählt; 1999: Erfinder zum „Mann des Jahrtausends“ erklärt.
3. Über Privatleben von Gutenberg wenig bekannt, kaum schriftliche Quellen

94

Anmerkung: Die Schlüsselwörter sind grau unterlegt.
Digitaldruck – die moderne Form des Druckens
Beim Digitaldruck (kurz Digidruck) benötigt man keinen festen Druckkörper, auf den man die zu druckenden Farben aufbringt. Das Druckbild wird direkt von einem Computer in eine Druckmaschine übertragen. Damit erspart man sich teils aufwändige und teure Vorbereitungsarbeiten und Einrichtungen.

Zu den modernen Druckverfahren zählen etwa der Tintenstrahldruck, der Thermodruck oder aber auch der moderne Fotodruck. Für hohe Auflagen wird meist ein Laserdruckverfahren verwendet.

Entscheidender Vorteil beim Digitaldruck ist die Wirtschaftlichkeit bei kleinen und sehr kleinen Auflagen: Einladungen zu persönlichen Festen, Grußkarten, Etiketten oder Visitenkarten sind praktisch nur im Digitaldruck sinnvoll zu drucken. Auch Bücher in kleinen Auflagen („books on demand“) werden digital gedruckt.
Zudem werden die Digitaldruckmaschinen zunehmend schneller und produzieren bis zu 50 Seiten pro Minute, was anderen Druckverfahren wie dem Siebdruck oder Offsetdruck große Konkurrenz macht.
Neben der Schnelligkeit dieses Druckverfahrens und der damit auch verbundenen Wirtschaftlichkeit lassen sich auch qualitativ ansprechende Druckergebnisse erzielen. Außerdem

ist die Vielfältigkeit hoch zu loben: Die neueste Generation der Digitaldrucksysteme ist der „Plattendirektdruck". Mit diesem System können starre Materialien wie zum Beispiel Kunststoffe, Holz, Glas, Metalle, Stein, Papier etc. bedruckt werden.

95

Der Zeitungsdruck

Mit Zeitungsdruck wird jener Bereich der Drucktechnik bezeichnet, in dem unter den besonderen Bedingungen wie Schnelligkeit, Flexibilität und niedrigen Kosten (Antwort Frage 3) Tageszeitungen produziert werden.

Der Zeitungsdruck erfolgt heute ausnahmslos im Rollenoffsetdruck (Antwort Frage 1).

Dabei erfolgt die Übertragung der Bildinformationen auf das Papier indirekt: Das bedeutet, dass das Druckbild nicht direkt auf das Papier aufgebracht, sondern zunächst auf einen Übertragzylinder gebracht wird. Von dort wird auf das Papier gedruckt. Der Druck findet ausschließlich im Rotationsprinzip statt. Entscheidend für die einwandfreie Druckbildübertragung ist vor allem ein angemessener Anpressdruck zwischen den Zylindern.

Aufgrund der geringen Qualität des Papiers und der hohen Geschwindigkeit, mit der die Papierbahnen durch die Druckmaschine laufen, werden ganz besondere Anforderungen an die Maschinen gestellt. Diese können sowohl für kleine Auflagen mit 10.000 Exemplaren als auch für Massenblätter mit Millionenauflage konzipiert sein.

Im Zeitungsdruck ist ein Trend zur Automatisierung zu beobachten. Der Maschinenführer hat sich vom handwerklichen Drucker zum Druckmanager am Leitstand der Maschine und der Computer (Antwort Frage 4) entwickelt. Dies bedingt eine solide Ausbildung der Drucker: In Österreich erfolgt die Berufsausbildung an Berufsschulen und bei einschlägigen Lehrbetrieben des Gewerbes, dauert dreieinhalb Jahre (Antwort Frage 2) und wird mit der Lehrabschlussprüfung beendet.

Test 12 - Informationen aus Sachtexten entnehmen

Das sinnvolle Markieren von Schlüsselwörtern

Beim sinnvollen Markieren ist der Grundsatz wichtig, dass man sparsam markiert und systematisch vorgeht. Folgende Utensilien wirst du für das Erarbeiten eines Textes brauchen: Bleistift, (evtl. verschiedenfarbige) Textmarker und ein Lineal (Antwort Frage 2).

Vor Beginn der Markierung sollte ein größerer Abschnitt des Textes gelesen (Antwort Frage 3) werden. Dies ist notwendig, um abschätzen zu können, welche Gedanken von zentraler Bedeutung sind.

Daraufhin beginnt man mit dem sparsamen Unterstreichen einzelner Schlüsselwörter, die die Kerngedanken des Textes tragen. Vermeide, ganze Textpassagen zu unterstreichen! Diese Wörter sollten so gewählt werden, dass ein kurzer Blick auf das markierte Schlüsselwort sofort den entsprechenden Textzusammenhang ins Gedächtnis ruft.

Manchmal kann es schwierig sein, sich aufgrund eines Schlüsselwortes an den Textsinn zu erinnern. In diesen Fällen könnten erläuternde Zusatzinformationen mit dem Bleistift dünn unterstrichen (Antwort Frage 1) werden. Sei auch hier sehr sparsam!

13. KAPITEL: MÄRCHEN UND DEREN INHALTE

96

Gebrüder Grimm – Rumpelstilzchen

Es war einmal ein Müller, der war arm, aber er hatte eine schöne Tochter. Nun traf es sich, dass er mit dem König zu sprechen kam, und um sich ein Ansehen zu geben, sagte er zu ihm: „Ich habe eine Tochter, die kann Stroh zu Gold spinnen." Der König sprach zum Müller: „Das ist eine Kunst, die mir wohl gefällt. Wenn deine Tochter so geschickt ist, wie du sagst, so bring sie morgen in mein Schloss. Ich will sie auf die Probe stellen." Als nun das Mädchen zu ihm gebracht wurde, führte er es in eine Kammer, die ganz voll Stroh war, gab ihr ein Spinnrad und sprach: „Jetzt mache dich an die Arbeit, und wenn du diese Nacht nicht alles Stroh zu Gold versponnen hast, so musst du sterben." Darauf schloss er die Kammer zu, und sie blieb allein darin.

Da saß nun die arme Müllerstochter und wusste keinen Rat: Sie wusste nicht, wie man Stroh zu Gold spinnen konnte, und ihre Angst ward immer größer, dass sie zu weinen anfing. Da ging auf einmal die Türe auf, ein kleines Männchen trat herein und sprach: „Guten Abend! Warum weint sie so sehr?" „Ach", antwortete das Mädchen, „ich soll Stroh zu Gold spinnen und verstehe das nicht." Da sprach das Männchen: „Was gibst du mir, wenn ich dir es spinne?" „Mein Halsband", sagte das Mädchen. Das Männchen nahm das Halsband, setzte sich vor das Rädchen und spann alles Stroh zu Gold.

Bei Sonnenaufgang kam der König, und als er das Gold erblickte, staunte er und freute sich. Aber sein Herz ward noch goldgieriger. Er ließ die Müllerstochter in eine andere Kammer voll Stroh bringen, die noch viel größer war, und befahl ihr, das auch zu spinnen. Das Mädchen wusste sich nicht zu helfen und weinte. Da ging abermals die Türe auf, und das kleine Männchen erschien und sprach: „Was gibst du mir, wenn ich dir das Stroh zu Gold spinne?" „Meinen Ring!", antwortete das Mädchen. Das Männchen nahm den Ring und hatte bis zum Morgen alles Stroh zu Gold gesponnen. Der König freute sich, war aber noch immer nicht des Goldes satt, sondern ließ die Müllerstochter in eine noch größere Kammer voll Stroh bringen und sprach: „Das musst du noch in dieser Nacht verspinnen: Gelingt dirs, so sollst du meine Gemahlin werden." „Wenns auch eine Müllerstochter ist", dachte er, „eine reichere Frau finde ich in der ganzen Welt nicht." Als das Mädchen allein war, kam das Männlein zum dritten Mal und sprach: „Was gibst du mir, wenn ich dir noch einmal das Stroh spinne?" „Ich habe nichts mehr, das ich geben könnte", antwortete das Mädchen. „So versprich mir, wenn du Königin wirst, dein erstes Kind." „Wer weiß, wie das noch geht", dachte die Müllerstochter und wusste sich auch in der Not nicht anders zu helfen.

Sie versprach dem Männchen, was es verlangte, und das Männchen spann noch einmal das Stroh zu Gold. Und als am Morgen der König kam und alles fand, wie er gewünscht hatte, so hielt er Hochzeit mit ihr, und die schöne Müllerstochter ward eine Königin.

Nach einem Jahr brachte sie ein schönes Kind zur Welt und dachte gar nicht mehr an das Männchen. Da trat es plötzlich in ihre Kammer und sprach: „Nun gib mir, was du versprochen hast." Die Königin erschrak und bot dem Männchen alle Reichtümer des Königreichs an, wenn es ihr das Kind lassen wollte. Aber das Männchen sprach: „Nein, etwas Lebendes ist mir lieber als alle Schätze der Welt." Da fing die Königin so an zu jammern und zu weinen, dass das Männchen Mitleid mit ihr hatte: „Drei Tage will ich dir Zeit lassen", sprach es, „wenn du bis dahin meinen Namen weißt, so sollst du dein Kind behalten."

Nun besann sich die Königin die ganze Nacht über auf alle Namen, die sie jemals gehört hatte, und schickte einen Boten über das Land, der sich weit und breit erkundigen sollte, was es sonst noch für Namen gäbe. Als am andern Tag das Männchen kam, sagte die Königin alle Namen, die sie wusste. Aber bei jedem sprach das Männlein: „So heiß ich nicht." Den zweiten Tag ließ sie in der Nachbarschaft herumfragen, wie die Leute da genannt würden, und sagte dem Männlein die ungewöhnlichsten und seltsamsten

Namen: „Heißt du vielleicht Rippenbiest oder Hammelswade oder Schnürbein?" Aber es antwortete immer: „So heiß ich nicht." Den dritten Tag kam der Bote wieder zurück und erzählte: „Neuen Namen habe ich keinen einzigen finden können, aber als ich an einen hohen Berg um die Waldecke kam, wo Fuchs und Hase sich gute Nacht sagen, so sah ich da ein kleines Haus. Vor dem Haus brannte ein Feuer, und um das Feuer sprang ein gar zu lächerliches Männchen. Es hüpfte auf einem Bein und schrie: „Heute back ich, morgen brau ich, übermorgen hol ich der Königin ihr Kind! Ach, wie gut ist, dass niemand weiß, dass ich Rumpelstilzchen heiß!"

Da könnt ihr denken, wie die Königin froh war, als sie den Namen hörte. Als bald danach das Männlein hereintrat und fragte: „Nun, Frau Königin, wie heiß ich?", fragte sie erst: „Heißest du Kunz?" „Nein." „Heißest du Heinz?" „Nein." „Heißt du etwa Rumpelstilzchen?" „Das hat dir der Teufel gesagt, das hat dir der Teufel gesagt!", schrie das Männlein und stieß mit dem rechten Fuß vor Zorn so tief in die Erde, dass es bis an den Leib hineinfuhr, dann packte es in seiner Wut den linken Fuß mit beiden Händen und riss sich selbst mitten entzwei.

97

Anmerkung: Die Schlüsselwörter sind grau unterlegt.

Das Märchen – Erläuterungen eines Begriffs

Der Begriff „Märchen" leitet sich vom mittelhochdeutschen Wort „maere" ab, was so viel wie Bericht oder Nachricht bedeutet. (Vielleicht hast du schon einmal gehört, wenn jemand sagt: *„Das ist eine Mär, dass …"*, was übertragen so viel bedeutet wie *„Das ist ein Gerücht, dass …"*)

Inhaltlich erzählen Märchen von wundersamen Begebenheiten mit Hexen und Zwergen, Königen und Prinzessinnen, sprechenden Tieren oder besonderen Dingen (zB goldener Schlüssel, Goldregen …).

Märchen sind Geschichten, die unterhalten wollen, und stammen meist aus sehr alter Zeit. Daher beginnen sie auch mit *„Es war einmal …"* und wurden früher mündlich von Generation zu Generation weitererzählt. Erst später wurden die Geschichten gesammelt und aufgeschrieben. Die Brüder Jacob und Wilhelm Grimm, sie lebten im 19. Jahrhundert, zählen zu den berühmtesten Märchensammlern.

Ein besonderes Merkmal der Märchen ist, dass die Figuren, die vorkommen, sehr gegensätzlich sind: arm – reich, alt – jung, gut – böse, klug – dumm usw. Dadurch, dass die Personen so verschieden sind, entsteht die Handlung. Eine besondere Rolle spielen auch Zahlen, wobei die Zahlen Drei und Sieben sehr häufig zu finden sind (zB drei Brüder, sieben Geißlein, dreifaches Erscheinen einer Figur …). Oft finden sich auch Sprüche oder Zauberformeln. Obwohl Märchen manchmal sehr brutal und grausam sind, siegt zumeist das Gute. So enden auch viele Märchen mit einem positiven Ausblick: *„Und wenn sie nicht gestorben sind, so leben sie noch heute."*

98

	Merkmale eines Märchens	**Rumpelstilzchen**
1.	Beginnt mit „Es war einmal …"	Beginnt mit „Es war einmal …"
2.	Gegensätzliche Figuren	Müller – König
3.	Wundersame Begebenheit	Männlein kommt in verschlossenen Raum und spinnt Stroh zu Gold.
4.	Gegensatz arm – reich	Armer Müller – reicher König

5.	Besondere Rolle der Zahlen	Drei Kammern mit Stroh; Männlein taucht drei Mal bei Müllerstochter auf.
6.	Besondere Rolle der Zahlen	Männlein lässt Königin drei Tage Zeit, um herauszufinden, wie sein Name lautet.
7.	Besondere Rolle der Zahlen	Männlein kommt drei Mal zur Königin, um zu fragen, ob sie bereits seinen Namen weiß.
8.	Sprüche und Zauberformeln	„Heute back ich, morgen brau ich, übermorgen hol ich der Königin ihr Kind! Ach, wie gut ist, dass niemand weiß, dass ich Rumpelstilzchen heiß!"
9.	Besondere Rolle der Zahlen	Zum Schluss des Märchens: Dreimaliges Fragen des Männleins, wie es nun heißt.
10.	Brutale und grausame Elemente	König droht der Müllerstochter mit dem Tod; Männlein fordert das Kind der Königin, Männlein reißt sich am Schluss des Märchens entzwei.

99

1. Heldin/Held: Bauer; Schneider; Sohn, der auszieht, um die Welt zu erkunden; Prinzessin; Königin; Ritter
2. Eigenschaften/besonderer Gegenstand: Zauberspiegel; Zauberschwert; magische Kräfte
3. Aufgabe: bösen Zauber rückgängig machen; gefangenes Mädchen befreien; Familie vor dem Verhungern retten
4. Gegenspielerin/Gegenspieler: Schwiegermutter; Räuber; Hexe; böse Geister; Zwerge; Riesen; Drache; Teufel
5. Wo: Burg; tiefer Wald; finstere Höhle

100 und 101

Individuelle Lösungen

Test 13 - Märchen

Anmerkung: Die falschen Angaben sind grau unterlegt.

Das Kätzchen und die Stricknadeln

Im Jahr 1275 lebte eine arme Frau namens Grete, die in den Wald bei Linz ging, um Holz zu sammeln. Als sie auf dem Rückweg war, sah Grete ein krankes Kätzchen. Die arme Frau hatte Mitleid und nahm es in ihrer Schürze nach Hause mit. Auf dem Weg kamen ihr ihre beiden Kinder Ilse und Peter entgegen, und als sie sahen, dass die Mutter etwas trug, fragten sie: „Mutter, was trägst du?" Sie wollten das Kätzchen haben. Grete gab aber den Kindern das Kätzchen nicht, aus Sorge, sie würden es quälen, sondern sie legte es zu Hause auf alte weiche Kleider und gab ihm Milch zu trinken. Als das Kätzchen sich gelabt hatte und wieder gesund war, war es mit einem Male fort.

Zwei Tage später ging Grete wieder in den Wald bei Linz, und als sie mit dem Holz auf dem Rückweg wieder an die Stelle kam, wo das kranke Kätzchen gelegen hatte, da stand eine vornehme Dame namens Hilde dort, winkte Grete zu sich und warf ihr fünf Stricknadeln in die Schürze. Die Frau wusste nicht recht, was sie denken sollte. Des Abends legte sie die fünf Stricknadeln auf den Tisch. Aber als Grete des anderen Morgens ihr Bett verließ, da lag ein Paar neue, fertig gestrickte Strümpfe auf dem Tisch. Das wunderte die arme Frau über alle Maßen, und am nächsten Abend legte sie die Nadeln wieder auf den Tisch, und am Morgen darauf lagen neue Strümpfe da. Jetzt merkte sie, dass zum Lohn ihres Mitleids mit dem kranken Kätzchen ihr diese fleißigen Nadeln beschert waren, und ließ dieselben nun jede Nacht stricken, bis sie und die Kinder Ilse und Peter genug hatten. Dann verkaufte sie auch Strümpfe und hatte genug bis an ihr seliges Ende. Und wenn sie nicht gestorben sind, verkaufen sie noch heute Strümpfe.

Merke: Im Märchen bleiben die Heldinnen/die Helden immer namenlos und es gibt weder genaue Zeit- noch Ortsangaben. Märchen beginnen mit „Es war einmal …" und enden mit „Und wenn sie nicht gestorben sind, dann leben sie noch heute".

14. KAPITEL: ERLEBNISERZÄHLUNG

102

a) Du hast versucht, möglichst viele Eindrücke, die dich beim Besuch der Burg bewegt haben, zu schildern. Leider hast du vergessen, die Geschichte in Einleitung – Hauptteil – Schluss zu gliedern. Dieser Aufbau ist nämlich wichtig, um die Leserinnen/die Leser durch deine Erzählung zu führen: Hilfreich wäre eine kurze, prägnante Einleitung, ein ausführlicher Hauptteil mit der genauen Schilderung eines spannenden Ereignisses (zB der Besuch des Burgverlieses) und ein knapper Schluss, eine kurze Zusammenfassung.

b) Inhaltlich merkt die Leserin/der Leser, dass dir der Besuch der Burg sehr gut gefallen hat und dass dich viele Eindrücke bewegt haben. Da du sehr viele Erlebnisse geschildert hast, konntest du nicht auf jedes im Detail eingehen. Besser wäre es gewesen, du hättest dich im Hauptteil auf einen besonderen Eindruck konzentriert und diesen ausführlich geschildert.

c) Sprachlich hat mir sehr gut gefallen, dass du direkte Reden verwendet hast. Auch die Verwendung der Adjektive ist gut gelungen, wenngleich du in deiner Geschichte durchaus mehr Eigenschaftswörter verwenden kannst. Positiv anmerken möchte ich, dass du deine Gefühle und Empfindungen geschildert hast. Das macht eine Geschichte sehr lebendig. Nicht ganz einverstanden bin ich mit den Ausdrücken „ergriffen", „beherrschte". Was meinst du damit? Vielleicht kannst du hier andere Formulierungen finden. Überarbeiten musst du bitte auch noch folgenden Ausdruck am Schluss deiner Geschichte: „…, weil wir die anderen auch besichtigen wollten." Was meinst du mit „die anderen"?

103

Vorschläge für eine Überschrift:
Ein pelziger Hausbesitzer
Ein Mieter auf vier Pfoten
Achtung, Monster!

3. Wir näherten uns vorsichtig und wagten einen Blick ins Innere durch eine zerbrochene Fensterscheibe. Ich leuchtete mit der Taschenlampe hinein. Doch plötzlich hörte ich ein lautes Kreischen und ein dunkler Schatten huschte vorbei. Der Schreck fuhr mir in alle Glieder. Ich ließ die Lampe fallen, riss meinen Bruder und Andrea mit und wir flüchteten Hals über Kopf zurück zu unseren Eltern.
5. Als wir dort ankamen, hob mein Vater die von mir fallen gelassene Taschenlampe auf und leuchtete beim Fenster hinein. Die Spannung war riesig und ich sah meinen Papa wie versteinert an.
1. An einem wunderschönen Sommertag waren meine Familie und ich bei Freunden zu Besuch. Wir hatten viel Spaß und die Zeit verging wie im Flug. Nach dem Abendessen überkam uns aber ein wenig die Langeweile.

6. Doch plötzlich fing er an zu lachen und sagte: „Gudrun, komm her. Ich zeige dir das fürchterliche Monster!" Vorsichtig näherte ich mich und schaute hinein. Die Erleichterung war groß, als ich die Katze sah, die hier in dem alten, verfallenen Haus Unterschlupf fand.
2. Da hatte Andrea, die Tochter der befreundeten Familie, eine ausgezeichnete Idee. Sie erzählte meinem Bruder Herbert und mir von einem alten, verfallenen Haus, welches ganz in der Nähe war. Obwohl es schon dunkel war, machten wir uns mit Taschenlampen auf den Weg. Als wir das Gebäude erreichten, überkam uns aber ein ungutes Gefühl. Das Haus sah richtig gruselig aus und der Wind schlug immer wieder alte Fensterläden auf und zu.
4. „Ein Räuber, ein Monster oder ein Ungeheuer muss sich in dem Gruselhaus verstecken", erzählten wir sofort unseren Vätern. Sie wollten unseren Schilderungen auf den Grund gehen und machten sich mit uns zurück auf den Weg zur Geistervilla.
7. Nach dieser großen Aufregung gingen wir zurück und ließen den Abend noch gemütlich ausklingen.

Einleitung: 1.
Hauptteil: 2. bis 6.
Schluss: 7.

104
Individuelle Lösung

105
Individuelle Lösung

106
Ein toller Fang!
An einem schönen Sonntag lud mich mein Onkel Karl, der begeisterter Angler ist, ein, ihn bei seinem Lieblingssport zu begleiten. **(a) Wir packten unsere Sachen und fuhren frühmorgens in ein romantisches Gebirgstal mit tiefen Schluchten.**
Nach einem **(d) beschwerlichen** Aufstieg entlang des Baches rasteten wir mittags bei einem geeigneten Angelplatz. **(b) „Ich denke, hier werden wir sicher einen guten Fang machen. Außerdem sind wir ganz allein. Perfekt, die Fische werden anbeißen!", meinte mein Onkel Karl.** Als wir unsere Angeln ausgeworfen hatten und auf den Fang warteten, schlief mein Onkel, der vom Wandern sehr müde war, ein. Mich hielt die Abenteuerlust wach. Es dauerte nicht lange, da sah ich es im Strudel **(e) des rauschenden Gebirgsbaches** weiß aufblitzen und ein großer Fisch schoss in die Höhe. Gleichzeitig spürte ich einen Ruck an meiner Angelschnur: Eine Forelle zischte hin und her und versuchte sich loszureißen. **(c) Nach und nach ermüdeten ihre Bewegungen und ich konnte sie ans Ufer ziehen.** Noch ein letztes Mal versuchte die Forelle, sich mit einem Sprung zu retten. Vergeblich! Ich packte sie **(f) mit festem Griff** und vor Erregung zitterten mir die Knie, als ich meine Beute betrachtete.
In diesem Moment erwachte mein Onkel. Er sprang auf und lief zu mir, um den tollen Fang zu betrachten. „Fantastisch! Da haben wir ja ein Prachtexemplar gefangen!", rief er **(g) vor Begeisterung**. „Wir? Den habe ich ganz allein gefangen, während du geschlafen hast. Aber weil du mir diesen guten Angelplatz gezeigt hast, werden wir ihn gemeinsam verspeisen. Ich lade dich zu meinem ersten selbst gefangenen Fisch ein", antwortete ich.

107

	Gut gelungen	weniger gut gelungen
Das war aber lustig!		X
Ein Ferienerlebnis. Abenteuer pur!	X	
Da fiel mir ein Stein vom Herzen!	X	
Zahnarztbesuch		X
Ein Wandertag mit Hindernissen	X	

Test 14 – Erlebniserzählung

Test A

Zwei Muster-Erlebniserzählungen sind über den QR Code® oder Key abrufbar.

TEST B

Die wichtigen Informationen sind grau unterlegt.

Absturz: Segelflugzeug geriet in Hochspannungsleitung

In Linz, Oberösterreich, ist Dienstagnachmittag ein Segelflieger beim Landeanflug abgestürzt. Der Pilot Robert H., 45, aus Steyr und ein Passagier aus Wien wurden beim Aufprall schwer verletzt und mussten mit Hilfe der Feuerwehr aus dem Wrack geschnitten werden. Das Flugzeug dürfte eine Hochspannungsleitung gestreift haben und stürzte knapp vor der Landepiste in eine Wiese. Die Stromleitung wurde zwar beschädigt, jedoch kam es laut Auskunft des Energieversorgungsunternehmens zu keiner Unterbrechung der Stromversorgung.

Erlebniserzählung: Individuelle Lösung

15. KAPITEL: FANTASIEERZÄHLUNG UND NACHERZÄHLUNG

108

	ja	nein
Zwei Streichhölzer auf dem Weg zum Mars	X	
Auto landet in Pool: Totalschaden		X
Ein Tag im Schlaraffenland	X	
Meine Reiseerlebnisse als Briefmarke	X	
Ein Hund als Lebensretter		X
Superman rettet die Welt	X	
Das verwundete Eichhörnchen am Rand des Wanderwegs		X
Gedanken eines Pferdes	X	
Unser altes Gartenhaus erzählt aus seinem Leben	X	

Zwei Muster-Fantasieerzählungen sind über den QR Code® oder Key abrufbar.

109

Individuelle Lösung

110

Individuelle Lösung

111

Individuelle Lösung

112

1. Mäuschen, Löwe
2. b. Mäuschen bittet um sein Leben und schwört ewige Dankbarkeit
2. d. Mäuschen hört Gebrüll des Löwen und läuft neugierig hin
2. f. Mäuschen zernagt Netz und befreit so den Löwen
3. Vorschlag: „Na, da will ich nun einmal nicht so sein und der kleinen Maus das Leben schenken. Aber wie will dieses kleine Geschöpf mir, dem großen Löwen, Dankbarkeit erweisen?“ (Auch andere Gedanken des Löwen sind möglich!)
4. Jedes Geschöpf hat, unabhängig von Körpergröße und Stärke, seine Vorzüge, Qualitäten und Möglichkeiten. Auch kleine Lebenwesen können Großes leisten!

113

1. Einst empfing ein Mann in Tirol einen Brief von seinem Freund aus Deutschland. Da der

Absender vergessen hatte, eine Briefmarke auf das Kuvert zu kleben, musste der Empfänger hohes Strafporto bezahlen.
2. Als er dann den Brief öffnete, fand er einen Zettel, auf dem bloß stand: „Es geht mir gut!“ Der Mann in Tirol lachte über die Botschaft und schickte noch am selben Tag ein großes Paket an seinen Freund in Deutschland.
3. Er klebte ebenfalls keine Marken auf die Postsendung. Der Freund in Deutschland zahlte nun auch eine hohe Strafe, als er das Paket, das außergewöhnlich groß und schwer war, annahm. Er hoffte aufgrund der Größe und des Gewichts auf einen besonders wertvollen Inhalt.
4. Als der Mann in Deutschland das Paket öffnete, staunte er nicht schlecht, denn er fand darin einen großen, schweren Stein und einen Zettel mit folgenden Worten: „Bei deiner Nachricht, dass es dir gut geht, fiel mir beiliegender Stein vom Herzen!“

114
Individuelle Lösungen

16. KAPITEL: ERZÄHLEN NACH SCHREIBIMPULSEN

115
1. Drei Jugendliche basteln Floß: Floß nach Anleitung aus Internet gebastelt, brauchbares Material für das Floß aus der Sperrmüllsammlung
2. Idee, es an heißem Sommertag an der Donau auszuprobieren: geeignete Stelle zum Wassern des Floßes bei Badestrand gefunden
3. Ausfahrt gelingt – Floß schwimmfähig
4. Gewitterwolken übersehen: Sturmböen peitschten eiskaltes Wasser über Floß, panische Hilferufe
5. in Seenot geraten: mit Handy Wasserpolizei verständigt
6. Rettung der Jugendlichen mit Booten der Wasserpolizei: Jugendliche klammerten sich am nassen Floß fest, dramatische Rettung mit Seilen und Schwimmwesten
7. Floß gesunken: mehrmaliger Versuch, das Floß in Fluten zu stabilisieren

116
Die Ergänzungen sind Vorschläge und können natürlich auch anders lauten!
1. *Josef H. (35) brach in Hallein/Salzburg über das Dach in Einfamilienhaus ein:* stieg mit Gartenleiter auf das Dach, Einbrecher war geübter Sportkletterer und hat als Jugendlicher seine Lehre als Rauchfangkehrer abgebrochen
2. *Dieb im sich verengenden Kamin steckengeblieben:* verschätzte sich beim Durchmesser des Kamins, stieg mit den Füßen zuerst in den Rauchfang
3. *Verbrecher verbrachte ganze Nacht in Kamin:* wurde trotz panischer Hilferufe von Nachbarn nicht gehört, Hausbesitzer auf Sommerurlaub in der Türkei
4. *Feuerwehr befreite ihn aus der misslichen Lage:* großer Sachschaden, da Kamin teilweise abgetragen werden musste, auch starke Verunreinigung im Haus durch Staub und Asche

117 und 118
Individuelle Lösungen

119
Vorschlag für eine Überschrift:
Peinlicher Schreibfehler
Zu meinem neunten **Geburtstag** hatten meine Eltern unsere Familie zu Kaffee und Kuchen eingeladen. Alle waren gekommen: Großeltern, Neffen, Nichten und sogar mein Onkel aus Salzburg. Da wir eine große Gesellschaft waren, hatte meine Mutter eine **Torte** bei unserem Konditor bestellt.
Als die **Torte** serviert wurde, reckten alle den Hals und bewunderten die

schön verzierte **Torte**. Plötzlich brach großes **Gelächter** aus. Mein Onkel stand auf und hielt eine Rede. Er sagte: „Hochverehrter Herr Jubilar! Da Sie heute Ihren 90. **Geburtstag** feiern, beglückwünschen wir Sie alle recht herzlich. Wir hoffen, dass Sie noch lange so gesund bleiben, und freuen uns schon, mit Ihnen in zehn Jahren Ihr 100. Wiegenfest feiern zu können." Dann lachten alle hellauf. Zuerst wusste ich gar nicht, was das alles bedeuten sollte, doch ein genauer Blick auf die Verzierung der **Torte** verriet mir den Hintergrund. Der Konditor hatte sich geirrt und mit Zuckerguss auf meine **Torte**: „Alles Gute zum 90. **Geburtstag**" geschrieben, statt zum 9. **Geburtstag**.
Der kleine Irrtum verhinderte aber nicht, dass alle den Geschmack der **Torte** lobten und kein Stück übrig blieb.

120

Individuelle Lösung
Eine Muster-Reizwortgeschichte ist über den QR Code® oder Key abrufbar.

Test 15 - Erzählen nach Schreibimpulsen

	R	F
1. Die Reihenfolge der Reizwörter kann vertauscht werden.	X	
2. Dem Erzählkern kann ich eigene Ideen hinzufügen, solange ich dadurch nicht vom vorgegebenen Erzählziel abweiche.	X	
3. Den Erzählkern zerlege ich zuerst in Handlungsschritte, dabei ist die zeitliche Reihenfolge der Erzählschritte nicht wichtig.		X
4. Sowohl die Reizwortgeschichte als auch die Geschichte rund um den Erzählkern schreibe ich immer im Präsens (= Gegenwart).		X
5. Wörtliche Reden sind bei beiden Textsorten ein guter Einstieg.	X	
6. Bei der Reizwortgeschichte brauche ich mir anfänglich keine Gedanken zum Konzept der Geschichte zu machen. Am Schluss ist ohnehin klar, ob die Geschichte traurig oder lustig ist.		X
7. Passende Adjektive machen einen Aufsatz nicht attraktiver.		X

17. KAPITEL: ERZÄHLEN NACH BILDERN

121

Siegreicher Schifahrer (männlich)
belegte ersten Platz (vgl. Medaille)
freudestrahlender Gesichtsausdruck (Mimik)
Sprünge vor Begeisterung und hochgestreckte Arme (Gestik) sind Anzeichen für große Freude über Sieg
Rennfahrer strahlt förmlich (Gesichtsausdruck) und ist überglücklich
zahlreiche Sponsorenlogos auf rotem Rennanzug an Oberschenkel, Oberarmen und auf Startnummer
Läufer ging mit Nummer 8 ins Rennen
sportlicher Körperau des Athleten
beim Sportbewerb muss es sich um einen alpinen Schiwettkampf (entweder Abfahrt, Super-G, Riesentorlauf oder Slalom) gehandelt haben, da eine entsprechende Ausrüstung (Schischuhe, Schi mit Bindungen, Helm mit Schibrille, Handschuhe) zu erkennen ist
Zeitpunkt: kurz nach Siegerehrung unmittelbar nach dem Rennen, da Läufer noch Rennanzug und bereits Medaille und Pokal trägt

122

Besonderheit Bild 1: Gesichtsausdruck und Körperhaltung verraten Anstrengung, Weg ist nicht präpariert, viel (Neu-)Schnee, leichter Schneefall, Bub stapft teilweise kniehoch im Schnee (siehe Schnee an den Hosenbeinen)
Aussage zu Bild 1: Bub müht sich mit Rodel den steilen Berg hinauf, anstrengender Aufstieg
Besonderheit zu Bild 2: riesige Freude des Buben bei Abfahrt mit Rodel am Gesichtsausdruck zu erkennen, sitzt allein auf Sportgerät, rasante Abfahrt: Rodel fliegt förmlich über den steilen Hang, kein Bodenkontakt, hohe Geschwindigkeit des Schlittens (an Strichen hinter der Rodel zu erkennen, Mütze fliegt davon)
Aussage zu Bild 2: Bub hat großen Spaß bei der rasanten Talfahrt mit dem Schlitten
Besonderheit zu Bild 3: zahlreiche Verletzungen des Buben an Kopf, rechtem Unterarm (trägt ihn in einer Schlinge) und rechtem Auge, unglücklicher Gesichtsausdruck des Buben, Mutter ist besorgt (hält ihn mit beiden Armen, besorgter Gesichtsausdruck), Vater ist verärgert (hat Hände vor seiner Brust verschränkt, verärgerter Gesichtsausdruck)

WER? der sportliche, übermütige, begeisterte Sohn Sebastian; die besorgte, fürsorgliche Mutter Sabine; der strenge, auch besorgte Vater Herbert
WO? im Winterurlaub anlässlich der Semesterferien im tief verschneiten Ort Hinterwald
WAS? Sebastin geht allein auf den steilsten Hügel des Ortes rodeln
WIE? Sebastian hat trotz Warnung (evtl. Verbot) seines Vaters seinen Willen durchgesetzt und ist auf dem gefährlichen Steilhang gerodelt

Zwischen Bild 1 und Bild 2: nach dem mühsamen Anstieg Pause auf Gipfel, Vorbereitungen für rasante Abfahrt, große Freunde vor der langen Fahrt, schwierige Pistenverhältnisse durch Neuschnee
Zwischen Bild 2 und Bild 3: schwerer Sturz nach der Hälfte der Fahrt, Rodel landete aufgrund der zu hohen Geschwindigkeit im Wald, Kollision mit einem Baum, Sebastian erheblich verletzt, Totalschaden an Rodel, Sebastian schleppte sich trotz Verletzungen ins Quartier zu seinen Eltern, Rettung holte ihn von Quartier ab und brachte ihn ins Krankenhaus, wo seine Wunden versorgt wurden

123

1. Vater Ludwig und Sohn Paul machen einen Bootsausflug auf einem See; Vater hat Angel mit und fischt, Fische dürften heute nicht beißen, da Vater Pfeife rauchend beim Fischen leicht eingedöst ist (siehe Gesichtsausdruck und Körperhaltung, die sich in Bild 1 und Bild 2 nicht ändern); Paul sitzt am anderen Ende des kleinen Bootes, schreibt etwas auf eine Tafel und springt mit der Tafel ins Wasser; Paul taucht unter dem Boot zur Angelschnur des Vaters, hängt die Tafel an den Haken und taucht zurück zum Boot; durch das Gewicht der Tafel, verändert der Schwimmer an der Angelschnur die Position (vgl. Bild 3 und 4) und signalisiert dem Vater, der im Boot sitzt, dass scheinbar ein Fisch angebissen hat

2. Vorgeschichte (Vorschlag): Vater Ludwig und Sohn Paul in den Sommerferien auf gemeinsamem Campingurlaub; Vater Ludwig hat beschlossen, sich um das Abendessen zu kümmern und will Fische grillen; Vater und Sohn borgen sich ein Boot aus und fahren auf den See

3. Gesichtsausdruck in Bild 1 und 2: Vater hat Augen geschlossen; ist beim Warten ein wenig eingedöst; auch Körperhaltung hat sich nicht verändert
Gesichtsausdruck in Bild 5 und 6: aufgerissene Augen, die Anspannung, Vorfreude verraten; Vater könnte denken: „Ich bin neugierig, welch großer Fisch angebissen hat!“ „Endlich! Ein riesiger Fang! Ich freue mich, da ich schon sehr hungrig bin!“
Überraschende Wende in Bild 6: Vater ist ernüchtert und überrascht.

4. Bild 5 stellt den Höhenpunkt der Geschichte dar, weil hier die Spannung am höchsten ist: Vater erwartet sich einen großen Fang; hat zahlreiche Gedanken, welchen Fisch er gefangen

hat; verspürt schon großen Hunger, da er ja lange warten hat müssen, bis etwas anbeißt; kann es kaum noch erwarten, endlich den Fang aus dem Wasser zu ziehen

5. Bild 6: Ernüchterung und Überraschung des Vaters; Sohn, der das lange Warten auf das Anbeißen der Fische satt hatte, hat seinem Vater einen Streich gespielt

6. Vorschlag: Vater lädt seinen Sohn in ein Fischrestaurant ein

Test 16 - Erzählen nach Bildern

	R	F
1. Die Überschrift ist gelungen und animiert zum Weiterlesen.	X	
Hast du eine bessere Idee? Individuelle Lösung		
2. Die Einleitung der Bildgeschichte kann mit einer direkten Rede beginnen.	X	
3. Eine solche Einleitung regt zum Weiterlesen an.	X	
4. Die Erzählreihenfolge der Bilder ist eingehalten worden.	X	
5. Alle Figuren haben Namen bekommen.	X	
6. Gedanken und Gefühle der Figuren wurden wiedergegeben.	X	
7. Der Autor hat auf Mimik und Gestik der dargestellten Figuren geachtet.		
8. Das Präteritum, das als Erzählzeit verwendet wurde, ist die richtige Erzählzeit.	X	
9. Die Geschichte wurde durch Absätze gegliedert.		X
10. Findest du den Schluss passend? Individuelle Lösung		

18. KAPITEL: STECKBRIEF/PERSONEN BESCHREIBEN

124
Individuelle Lösung

125 und 126
Anmerkung: Peters Wesenszüge sind grau unterlegt. Peters sichtbare Merkmale sind unterstrichen.

Hallo, darf ich mich vorstellen?

Mein Name ist Peter und ich bin für einen elfjährigen Buben sehr groß gewachsen: 1,60 m ergab die letzte Messung. Da ich in meiner Freizeit sehr gerne und ausgiebig Sport betreibe, würde ich behaupten, dass ich einen athletischen Körperbau habe. Ich wiege knapp 45 kg und kann mein Gewicht eben deshalb gut halten, da ich regelmäßig zum Leichtathletik-Training gehe. Würde ich dies nicht tun, wäre mein Gewicht mit Sicherheit viel höher, da ich liebend gerne Schokolade esse. Auch italienische Speisen, hier vor allem Pizza mit Schinken und Spaghetti mit Lachssauce, habe ich sehr gerne.

Da ich, wie schon erwähnt, viel Zeit auf dem Sportplatz verbringe, sind meine blonden Haare immer sehr kurz geschnitten. Diese Frisur ist nämlich nach dem Training sehr pflegeleicht. Meine Augenfarbe ist blau und mein Gesicht ist eher länglich. Als besonderes Merkmal steht in meinem Reisepass, dass ich Sommersprossen habe. Außerdem trage ich runde Brillen aus Metall.

Bekleidungsmäßig bevorzuge ich meinem Hobby entsprechend sportliches Gewand: Am liebsten trage ich T-Shirts und Jeans dazu Sportschuhe. Selten verlasse ich unser Haus ohne eine Baseballkappe. Sie ist in den letzten Jahren zu meinem Markenzeichen geworden und ich verfüge bereits über eine stattliche Sammlung von verschiedenen Kappen. Meine Mutter würde es lieber gerne öfter sehen, wenn ich mich etwas eleganter kleiden würde, jedoch fühle ich mich in der beschriebenen Bekleidung am wohlsten.

Wie die meisten meiner Freunde behaupten, habe ich ein sehr sonniges Gemüt, da ich gerne lache und meistens gut aufgelegt bin. Ich darf behaupten, dass ich in meiner Klasse durchaus beliebt bin und wurde sicherlich auch deshalb dieses Jahr zum Klassensprecher gewählt. Negativ fällt meinen Freunden oft auf, dass ich eher ungeduldig bin und manchmal etwas hektisch an Dinge herangehe.

Wenn ich einmal erwachsen bin, möchte ich mein Hobby zum Beruf machen und Sportlehrer werden.

127 bis 129
Individuelle Lösungen

Test 17 - Steckbrief/Personen beschreiben

Gesicht
Haare/Haarfarbe: rötlich-orange
Frisur: mehr als schulterlange üppige Mähne
Kopf/Kopfform: länglich
Nase: spitz
Brillenträgerin/Brillenträger: ja
Beschreibung der Brille: dunkle, große, moderne Sonnenbrille mit dünnen Metallbügeln

Körperbau/Figur: hager, schlank, drahtig

Kleidung: grün-schwarz gestreiftes, eng anliegendes taillenlanges Leibchen; türkise, enge wadenlange Hose mit roten Nieten an den Seitennähten; weite moosgrüne Strümpfe; grüne Plateauschuhe; zwei auffallende graue Gürtel, wobei einer sehr locker über der Hüfte sitzt, der andere eng die Hose am Bund hält

Allgemeine Angaben zur dargestellten Figur:
Geschlecht: männlich
Größe (geschätzt): 25 Jahre
Alter (geschätzt): 1,70 m

Besondere Merkmale:
drei Ohrringe am rechten Ohr, Tätowierungen am rechten Ober- und halben Unterarm, links am Oberarm
(Ergänzung: Als Rockmusiker spielt er gerade eine Gitarre, singt in ein Mikrofon und schwingt seine Hüften: Da diese Bestandteile aber nicht direkt zur Beschreibung der Person zählen, werden sie hier nicht näher erläutert.)

19. KAPITEL: GEGENSTÄNDE BESCHREIBEN

130
Individuelle Lösung

131
An das
Polizeirevier
1010 Wien

Sehr geehrte Damen und Herren!

Ich möchte hiermit den Diebstahl meines Rucksacks zur Anzeige bringen. Er wurde mir am 12. 5. 2012 in der Straßenbahnlinie D gestohlen und sieht so aus:
Die Tasche hat die ~~voll coole~~ Farbe Anthrazit ~~und war sehr schwer, als sie mir gestohlen wurde~~. ~~Wir hatten nämlich Geographie und da hatte ich viele Bücher zur Ansicht mit~~. Der Rucksack hat oben einen Henkel und unten einen roten Boden aus hartem Plastik. Vorne ist eine große Tasche mit Zipp, der Rücken hinten ist mit Schaumstoff ausgepolstert. ~~Das hilft beim Tragen.~~ Auf der Tasche vorne steht „Megabag", ~~was mir nicht so gefällt~~. Die beiden Riemen zum Tragen sind auch anthrazitfarben, wobei einer, ich glaube der linke, schon abgerissen ist.
Um den Rucksack aufzumachen, muss man vorne einen großen Zipp bedienen, um in das große Fach zu kommen.

Hoffentlich können Sie den Rucksack finden.

Mit freundlichen Grüßen

Hubert Huber

Eine Muster-Reizwortgeschichte ist über den QR Code® oder Key abrufbar.

20. KAPITEL: SACHVERHALTE DARLEGEN

132
Solltest du Schwierigkeiten beim Bau eines Papierfliegers haben, kannst du auch im Internet nach passenden Bauanleitungen suchen. Unter http://www.papierfliegerei.de/ findest du beispielsweise eine große Anzahl möglicher Papierflieger.

133 bis 136
Individuelle Lösungen

21. KAPITEL: BRIEFE SCHREIBEN

137
Es wird über persönliche Erlebnisse oder Ansichten berichtet. ✓
Adressaten eines persönlichen Briefes sind Freunde, Bekannte oder Verwandte. ✓
Stelle dir die Empfängerin/den Empfänger beim Verfassen des Briefes vor und schreibe so, wie du mit ihr/ihm sprechen würdest: natürlich und zwanglos. ✓

Im Brief darfst du auch Fragen stellen. Vermeide aber Phrasen. ✓

Die höfliche Anrede „Sie“ wird stets großgeschrieben. Auch alle abgeleiteten Formen wie zB „Ich danke Ihnen!“
Das freundschaftliche „Du“ kann groß- oder kleingeschrieben werden. Entscheide dich vor dem Briefschreiben für eine der beiden Formen. ✓

Achte besonders auf die äußere Form. Darunter versteht man: saubere Handschrift, sauberes Briefpapier (unliniertes DIN-A4-Blatt), gute Platzaufteilung, übersichtliche Gliederung ✓

Jeder Brief muss enthalten: Ort und Datum im rechten oberen Eck (= wo und wann der Brief geschrieben wurde), Anrede, Schlussformel und Unterschrift ✓

138
Individuelle Lösung

139

	Ja	nein
1. Liebe/r …!	X	
2. Hallo, liebe Doris!		X
3. Sehr geehrter Peter!		X
4. Mein lieber Freund!	X	
5. Hi!		X
6. Servus, Tante Helga!		X

140

X	Liebe Grüße aus …
X	Alles Liebe, dein/e …
	Tschüss!
	Auf Wiedersehen.
	Hochachtungsvoll (passt zu einem förmlichen Brief, zB Geschäftsbrief)
X	Mit ganz lieben Grüßen …

141
Individuelle Lösung

142

	richtig	falsch
1. „Ich freue mich, wenn Du kommst.“	X	
2. „Ort und Datum“ kann man weglassen.		X
3. „Tschüss!“ ist eine passende Schlussformel.		X
4. Briefe immer mit Bleistift schreiben!		X
5. Ernst gemeinte Fragen darf ich dem Empfänger stellen.	X	
6. Eine saubere Briefform ist wichtig!	X	
7. „In Liebe“ passt als Schlussformel bei einem Liebesbrief.	X	
8. „Geschätzter Onkel Franz!“ kann man als Anrede schreiben.	X	

22. KAPITEL: SMS / E-MAIL

143
Individuelle Lösung

144

;-)	= zwinker	:-D	= lachen
%-}	= Blödsinn	:-x	= ein Küsschen
(:-(	= sehr traurig	:-O	= schreien
:-#	= nicht weitererzählen	8-O	= O nein!!!

145
Individuelle Lösung

146
1. Genaue Beschreibung des Modellautos; genauere Angaben zum Standort des Fahrzeuges in der Auslage; an welchem Samstag und zu welcher Uhrzeit hat Franz das Modellauto gesehen?
2. Ich habe am Samstag in ihrer Auslage ein ~~cooles~~ Modellauto gesehen. Was kostet bitte dieses? (~~Hoffentlich weniger als € 70,-, denn ich habe bis jetzt nur € 70,- gespart.~~) Es ist rechts vorne gestanden und so rot und schwarz. Bitte schreiben sie mir auch, ob man dieses tolle Auto auch mit einer Fernbedienung fahren lassen kann. ~~Nun muss ich leider aufhören~~.
3. Er meint mit Fernbedienung eine Fernsteuerung.
4. Ich habe am Samstag in Ihrer Auslage ein …
Bitte schreiben Sie mir auch, ob man …
Vielen Dank

1. Auflage 2012

ISBN 978-3-7058-9265-1

DURCH STARTEN

DEUTSCH

5

COACHINGBUCH

Verfasser: Leopold Eibl und Johannes Nikisch

Diesem Buch ist ein Lösungsheft zu den Übungen beigelegt.

Bibliografische Information der Deutschen Bibliothek:
Die Deutsche Bibliothek verzeichnet diese Publikation in der Deutschen Nationalbibliografie; detaillierte bibliografische Daten sind im Internet über http://dnb.ddb.de abrufbar.

VERITAS-VERLAG, Linz
www.durchstarten.at

Gedruckt in Österreich auf umweltfreundlich hergestelltem Papier

1. Auflage 2012

Lektorat: Klaus Kopinitsch
Bildredaktion: Alexandra Rittberger
Textredaktion: Isabella Siegl
Grafische Gestaltung: Gottfried Moritz
Illustrationen: Stefan Stratil, Peter Friedrich
Satz: Harald Leiter
Herstellung: Julia Bamberger, Julia Dresch

ISBN 978-3-7058-9265-1

VERITAS
Gemeinsam besser lernen

INHALT

Vorwort

Das Lernprogramm in diesem DURCHSTARTEN-Coachingbuch orientiert sich an wichtigen **Kompetenzen**, die Lernende im Laufe der vier Schuljahre im Sekundarbereich I erwerben sollen.

In den Kapiteln **1–6** wird das **Rechtschreibbewusstsein** gefördert. Die Kapitel **7–11** laden ein, Sprache hinsichtlich ihrer **Grammatik zu reflektieren**. Die Kapitel **12–22** fördern die **Lese- und Schreibkompetenz** der Lernenden.

Diagnose – Stärken und Schwächen erkennen

Um eine **individuelle Förderung** zu ermöglichen, bietet das Buch als Vorspann zwölf **Diagnosetests** zur Rechtschreibung und Grammatik. Die Diagnosetests zeigen auf, wo der Schuh drückt. Entsprechend den Ergebnissen sollte man auch die **Reihenfolge** der Kapitel 1–11 wählen.

Aufbau der Kapitel

Die Kapitel sind **übersichtlich** und **klar strukturiert** gestaltet. In der **Kopfleiste** wird das Vorhaben (Wissen, Üben, Testen, Kompetenzen checken) der Buchseite aufgezeigt. Jedes Kapitel ist in **Unterkapitel** gegliedert, die mit **A, B ...** gekennzeichnet sind. Jedes Unterkapitel ist gleich strukturiert.

Auf der **linken Buchseite** verschafft man sich unter **WISSEN** die wesentlichen Wissensgrundlagen. Auf der **rechten Seite** werden zu den Wissensinhalten **ÜBUNGEN** angeboten.

Gegen Ende eines Kapitels wird unter **TEST** die Beherrschung des Gelernten überprüft. Eine Checkliste findet man unter **KOMPETENZEN CHECKEN** ganz zum Schluss jedes Kapitels. Hier wird aufgrund der Übungs- und Testergebnisse eingetragen, wie gut man einzelne Teilkompetenzen beherrscht: perfekt, ausreichend oder nicht ausreichend.

Inhaltliche Schwerpunkte

Hauptanliegen der **Rechtschreibförderung** ist der Erwerb von Rechtschreibstrategien, wobei die Strategie des regelorientierten Schreibens besonders betont wird. Der Schwerpunkt der **Sprachreflexion** liegt im Erkennen der veränderbaren Wortarten, der Satzglieder und der Satzarten.

Die **Lesekompetenz** wird am Beispiel eines Sachtextes und eines literarischen Textes ausgebaut. Der Bogen der **Textproduktion** spannt sich von der klassischen Erlebniserzählung über das Verfassen eines Steckbriefes bis zum Schreiben von SMS und E-Mail.

Empfehlung für die Arbeit mit dem Buch

Um einen nachhaltigen Lernerfolg zu erzielen, sollten **folgende Schritte** eingehalten werden:

DIAGNOSE → WISSEN → ÜBUNGEN → TESTEN → KOMPETENZEN CHECKEN.

Als **Umfang einer Übungseinheit** empfehlen wir maximal ein **Teilkapitel** (A, B, C, D …).

Das Motto: *Lieber weniger, aber dafür genau!* Das betrifft vor allem auch die Seiten mit dem Wissensangebot. Hier sollte man Zeit investieren. Diese Investitionen lohnen sich beim Üben und Testen.

Bei vielen Übungen kann **direkt ins Buch** geschrieben werden, bei manchen Übungen ist ein **Hefteintrag** erforderlich. Daher wäre das Führen eines Übungsheftes empfehlenswert.

Ganz wichtig sind auch die **Tests** und die **Checklisten** am Ende jedes Kapitels. Es hat keinen Sinn, wenn man bei den Eintragungen nicht ehrlich ist. Jede(r) ist für das eigene Lernen verantwortlich. Falsche Eintragungen sind daher Selbstbetrug. Ein **Lösungsheft** mit den Lösungen und erklärenden Kommentaren liegt bei.

Zu einigen Kapiteln gibt es ein **Online-Zusatzangebot**, das wir ebenfalls zur Vertiefung und Festigung der Kompetenzen empfehlen. Über die im Buch abgedruckten **QR Codes®** bzw. **Content Keys** kann man diese Zusatzangebote **gratis** auf Handy oder Computer laden. Nähere Informationen dazu finden sich auf der letzten Seite unter „QR Codes® und Content Keys – Wie nutzen?“.

Die Autoren

1 Großschreibung

In dem folgenden Brief sind nur die Satzanfänge großgeschrieben. Übermale jene Stellen, die neben den Satzanfängen auch großgeschrieben werden müssen.

Sehr geehrter herr stadtrat!

Wir wollen ihnen auf diesem wege ein anliegen im namen vieler jugendlicher unserer stadt vortragen, das ihnen besonders am herzen liegt.

Vielleicht haben sie schon wahrgenommen, dass in unserem stadtgebiet keine einzige fläche zum skaten zur verfügung steht. Gefahrloses skaten ist leider nur auf verkehrsfreien plätzen möglich. Am besten würde sich das unbebaute areal neben dem sportplatz eignen. Ohne eine geeignete anlage bleibt der sportbegeisterten jugend nichts anderes übrig, als auf den gehsteigen zu skaten.

Herr stadtrat, bitte nehmen sie sich der sache an, die jugendlichen werden es ihnen danken.

Die chefin der hiesigen sportartikelfirma hat ihre hilfe versprochen.

Nun liegt es im wesentlichen an ihnen, herr stadtrat, ob es bald zur errichtung eines skaterplatzes kommen wird. Es gibt nichts wertvolleres für die gesundheit als bewegung.

Wir bitten sie um einen gesprächstermin.

Gib dir für jede richtige Lösung ein ✔. Zähle deine ✔ zusammen und trage sie in die Tabelle ein. Wenn du unterhalb des kritischen Wertes liegst, kannst du in der Spalte „Übe“ ablesen, auf welchen Seiten du Erklärungen und Übungen findest, die dich besser machen.

Bereich	Aufgabe	Gesamt ✔	deine ✔	kritischer Wert	Übe
Großschreibung	1	40		34	Kapitel 1, Seite 18–25

2 Konsonantenverdoppelung

Übermale die richtigen Stellen.

1. Die Freundi *n/nn* en mu *s/ss* ten über Wi *z/tz* e der Ko *l/ll* egi *n/nn* schmun *z/tz* eln.

2. Der Re *n/nn* läufer ka *n/nn* te die Hausbergka *n/nn* te vom le *z/tz* ten Stur *z/tz*.

3. Kur *z/tz* vor einem Gewi *t/tt* er he *r/rr* scht o *f/ff* t eine unheimliche Sti *l/ll* e.

4. Das Sa *m/mm* eln von Hi *m/mm* beeren und Bro *m/mm* beeren ist mühsa *m/mm*.

5. Ein Ro *k/ck/kk* für He *r/rr* en wird auch Sa *k/ck/kk* o gena *n/nn* t.

6. Er ka *n/nn* te sä *m/mm* tliche Pil *z/tz* e, die er gesa *m/mm* elt ha *t/tt* e.

7. Nach einem entspa *n/nn* ten So *n/nn* tag so *l/ll* te ma *n/nn* an den Mo *n/nn* tag denken.

8. Sie ha *t/tt* i *r/rr* tümlich die Autoschlü *s/ss* el in den Ko *f/ff* er eingepa *k/ck* t.

9. Manche Geschä *f/ff* te haben am Mi *t/tt* wochnachmi *t/tt* ag geschlo *s/ss* en.

10. Mä *n/nn* liche Mi *t/tt* arbeiter erha *l/ll* ten mehr Lohn als weibliche Angeste *l/ll* te.

Gib dir für jede richtige Lösung ein ✔. Zähle deine ✔ zusammen und trage sie in die Tabelle ein. Wenn du unterhalb des kritischen Wertes liegst, kannst du in der Spalte „Übe" ablesen, auf welchen Seiten du Erklärungen und Übungen findest, die dich besser machen.

Bereich	Aufgabe	Gesamt ✔	deine ✔	kritischer Wert	Übe
Konsonanten-verdoppelung	2	47		40	Kapitel 2, Seite 26–31

3 s-Schreibung

Setze s, ß oder ss in die Lücken ein.

1. Die mei___ten Insa___en sa___en blo___fü___ig im Rei___ebu___.

2. Genie___er e___en nur die allerbe___ten Leckerbi___en.

3. Verzeichni___e im Atla___ wei___en auf Mautstra___en und Ra___tstätten hin.

4. Der gefa___te Dieb mu___ seine Mi___etat im Gefängni___ bü___en.

5. Jedes drei___igste Lo___ gewinnt bei der Schlu___ziehung einen Tro___tprei___.

6. Der Rei___verschlu___ spie___te sich und lie___ sich weder öffnen noch schlie___en.

7. Stre___ erzeugt Unlu___t und Fru___t am Arbeitsplatz.

8. Er ko___tete den sü___en, frisch gepre___ten Traubenmo___t.

9. Fa___t täglich fa___en Menschen den Entschlu___, mä___iger zu e___en.

10. In der Wildni___ fre___en oft grö___ere Tiere Grä___er und Planzenre___te.

Gib dir für jede richtige Lösung ein ✔. Zähle deine ✔ zusammen und trage sie in die Tabelle ein. Wenn du unterhalb des kritischen Wertes liegst, kannst du in der Spalte „Übe“ ablesen, auf welchen Seiten du Erklärungen und Übungen findest, die dich besser machen.

Bereich	Aufgabe	Gesamt ✔	deine ✔	kritischer Wert	Übe
s-Schreibung	3	48		41	Kapitel 3, Seite 32–39

4 Lang gesprochene Selbstlaute

Setze die fehlenden Vokale ein.

Ein besonderes Probl___m unserer Rechtschreibung ist die D___nung von Vok___len. Der lang gesprochene a-Laut kann zum Beisp___l als a, ah oder sog___r als aa geschr___ben werden: die H___re pfl___gen, den Kinderw___gen sch___ben, die W___len gewinnen, er k___m pünktlich, auf die W___gsch___le l___gen, die W___rheit erf___ren, sie w___ren hier.

Nicht v___l leichter funktion___rt die Schreibung des langen o-Lautes: die W___nung aufräumen, eine Sch___nkost zu sich n___men, im weichen M___s schl___fen. Auch der lang gesprochene i-Laut ist ein z___mliches Irrlicht. Man schreibt: das V___ füttern, ___nen helfen, Ros___nen naschen, B___nen züchten, ins K___no gehen, einen Spaz___rgang untern___men.

Dazu kommen noch gleich klingende Wörter, die nur durch die Schreibung des i-Lautes untersch___den werden: das Augenl___d, aber das L___derbuch; der Besenst___l, aber der Baust___l.

Gib dir für jede richtige Lösung ein ✔. Zähle deine ✔ zusammen und trage sie in die Tabelle ein. Wenn du unterhalb des kritischen Wertes liegst, kannst du in der Spalte „Übe“ ablesen, auf welchen Seiten du Erklärungen und Übungen findest, die dich besser machen.

Bereich	Aufgabe	Gesamt ✔	deine ✔	kritischer Wert	Übe
lang gesprochene Selbstlaute	4	38		32	Kapitel 4, Seite 40–47

5 Schreibung von Mitlauten

Setze fehlende Konsonanten ein.

***d/D* oder *t/T*?**

- im ___rüben Wasser fischen
- unter der ___usche stehen
- dem ___ankwart ___anken
- den ___ocht anzünden
- eine ___elle im Ko___flügel
- eine ___atenbank be___reuen
- die Kan___i___a___en vorstellen
- im ___e___ek___ivbüro befragt werden
- den ___rachen fliegen lassen
- einen ___rach___enhu___ ___ragen

***x* oder *chs*?**

- den Ta___ilenker we___eln
- das Wa___tum beschleunigen
- eine Mi___tur anmischen
- eine verfli___te Geschichte
- den Bu___baum düngen
- eine La___forelle verspeisen
- auf dem Sa___ofon spielen
- mit dem Fu___schwanz sägen
- ein dreia___iger Lastwagen
- den Bo___kampf gewinnen

Gib dir für jede richtige Lösung ein ✔. Zähle deine ✔ zusammen und trage sie in die Tabelle ein. Wenn du unterhalb des kritischen Wertes liegst, kannst du in der Spalte „Übe“ ablesen, auf welchen Seiten du Erklärungen und Übungen findest, die dich besser machen.

Bereich	Aufgabe	Gesamt ✔	deine ✔	kritischer Wert	Übe
Schreibung von Mitlauten	5	31		26	Kapitel 5, Seite 48–55

6 Schreibung von Umlauten

Setze *e/ä* oder *eu/äu* ein.

D____mmerung	ber____en	h____rzlich
sich r____spern	Kapit____n	b____renstark
Best____tigung	Steins____le	beschw____rlich
Gr____tsche	Gl____tscher	entt____schen
sich schn____zen	erfr____lich	Sch____deldecke
Schr____glage	Blumenst____ngel	s____fzen
Groß____ltern	K____ltepol	F____stlinge
s____erlich	bel____mmert	ger____schlos
H____ptling	hartn____ckig	einr____nken
Ungeh____er	F____lnis	vers____chen

Gib dir für jede richtige Lösung ein ✔. Zähle deine ✔ zusammen und trage sie in die Tabelle ein. Wenn du unterhalb des kritischen Wertes liegst, kannst du in der Spalte „Übe" ablesen, auf welchen Seiten du Erklärungen und Übungen findest, die dich besser machen.

Bereich	Aufgabe	Gesamt ✔	deine ✔	kritischer Wert	Übe
Schreibung von Umlauten	6	30		26	Kapitel 6, Seite 56–61

1 Bestimmung der Wortarten

Schreibe über die entsprechenden Wörter:
N = Namenwort, Z = Zeitwort, E = Eigenschaftswort, F = Fürwort

1. IM FRÜHLING GRÜNEN UND BLÜHEN BÄUME UND STRÄUCHER.
2. FÄHRST DU IN DEN LANGEN FERIEN MIT DEN ELTERN ANS MEER?
3. DER ANSTREICHER STRICH UNSERE GARTENBÄNKE GRÜN.
4. ÄNGSTLICHEN MENSCHEN GRAUT VOR HAARIGEN SPINNEN.
5. ER BEZWANG DEN HÖCHSTEN GIPFEL DER ALPEN MÜHELOS.
6. IM WESTEN BEDECKEN HOHE GEBIRGE DAS LAND.
7. DIE REICHEN VORRÄTE AN ERDGAS REICHEN NICHT FÜR DIE EWIGKEIT.
8. DIE GUTEN SCHIFAHRER BEWÄLTIGEN DIE STEILSTEN HÄNGE.
9. WIR WAREN AUGENZEUGEN EINES SCHRECKLICHEN UNFALLS.
10. HALTET IHR IN EURER WOHNUNG HAUSTIERE?

Gib dir für jede richtige Lösung ein ✔. Zähle deine ✔ zusammen und trage sie in die Tabelle ein. Wenn du unterhalb des kritischen Wertes liegst, kannst du in der Spalte „Übe" ablesen, auf welchen Seiten du Erklärungen und Übungen findest, die dich besser machen.

Bereich	Aufgabe	Gesamt ✔	deine ✔	kritischer Wert	Übe
Bestimmung der Wortarten	1	52		44	Kapitel 7A, 8A, 9A, 10, Seite 62–91

2 Geschlechtsbestimmung von Namenwörtern

Setze in Gedanken den bestimmten Artikel vor jedes Namenwort und bestimme das grammatische Geschlecht: Schreibe m = männlich, w = weiblich, s = sächlich rechts neben das Namenwort.

- Stehleiter
- Blumenzwiebel
- Farbstift
- Halbwaise
- Haarband
- Geschäftsschild
- Unterkiefer
- Schokolade
- Abteilungsleiter
- Benediktinerstift
- Kilometer
- Dekagramm
- Stammkunde
- Schutzschild
- Bodensee
- Ostsee
- Liegesofa
- Eidotter
- Frühkartoffel
- Germknödel
- Wonnemonat
- Holzasche
- Silberbesteck
- Superbenzin
- Radiergummi
- Porzellanteller
- Diätbutter
- Autobahntunnel
- Kofferradio
- Schwarzkiefer

Gib dir für jede richtige Lösung ein ✔. Zähle deine ✔ zusammen und trage sie in die Tabelle ein. Wenn du unterhalb des kritischen Wertes liegst, kannst du in der Spalte „Übe" ablesen, auf welchen Seiten du Erklärungen und Übungen findest, die dich besser machen.

Bereich	Aufgabe	Gesamt ✔	deine ✔	kritischer Wert	Übe
Geschlechtsbestimmung von Namenwörtern	2	30		26	Kapitel 8B, Seite 72, 73

3 Fallbestimmungen

Bestimme von den unterstrichenen Namenwörtern die Zahl und den Fall. Kreuze an: EZ = Einzahl, MZ = Mehrzahl, 1 = 1. Fall, 2 = 2. Fall usw.

1. Mit warmen Jacken kann man die Kälte ertragen. EZ MZ 1 2 3 4

2. Die Lebensdauer der Motoren hat sich erhöht. EZ MZ 1 2 3 4

3. Ein chices Kleid muss nicht teuer sein. EZ MZ 1 2 3 4

4. Er besucht in den Ferien seinen Onkel. EZ MZ 1 2 3 4

5. Sie nähern sich dem Ziel. EZ MZ 1 2 3 4

6. Die Wände des Zimmers werden gestrichen. EZ MZ 1 2 3 4

7. Ich habe das Jausenbrot vergessen. EZ MZ 1 2 3 4

8. Vaters Hefte verstauben auf dem Dachboden. EZ MZ 1 2 3 4

9. Gestern wurden die Möbel geliefert. EZ MZ 1 2 3 4

10. Im Herbst werden die Trauben geerntet. EZ MZ 1 2 3 4

Gib dir für jede richtige Lösung ein ✔. Zähle deine ✔ zusammen und trage sie in die Tabelle ein. Wenn du unterhalb des kritischen Wertes liegst, kannst du in der Spalte „Übe“ ablesen, auf welchen Seiten du Erklärungen und Übungen findest, die dich besser machen.

Bereich	Aufgabe	Gesamt ✔	deine ✔	kritischer Wert	Übe
Fallbestimmungen	3	20		17	Kapitel 8C, D, Seite 74–77

4 Steigerung beim Eigenschaftswort

Schreibe die Mehr- und Meiststufe folgender Eigenschaftswörter auf.

1. schnell ______ ______

2. lang ______ ______

3. gut ______ ______

4. edel ______ ______

5. sauer ______ ______

6. heiß ______ ______

7. hoch ______ ______

8. teuer ______ ______

9. klug ______ ______

10. groß ______ ______

Gib dir für jede richtige Lösung ein ✔. Zähle deine ✔ zusammen und trage sie in die Tabelle ein. Wenn du unterhalb des kritischen Wertes liegst, kannst du in der Spalte „Übe" ablesen, auf welchen Seiten du Erklärungen und Übungen findest, die dich besser machen.

Bereich	Aufgabe	Gesamt ✔	deine ✔	kritischer Wert	Übe
Steigerung beim Eigenschaftswort	4	20		17	Kapitel 9B, Seite 82, 83

5 Persönliches Fürwort

Ergänze die fehlenden Fälle der persönlichen Fürwörter in der Ein- und Mehrzahl.

Einzahl	1. Person	2. Person	3. Person		
1. Fall	ich	du	er	sie	es
2. Fall					
3. Fall					
4. Fall					

Mehrzahl	1. Person	2. Person	3. Person
1. Fall			
2. Fall			
3. Fall			
4. Fall			

Gib dir für jede richtige Lösung ein ✔. Zähle deine ✔ zusammen und trage sie in die Tabelle ein. Wenn du unterhalb des kritischen Wertes liegst, kannst du in der Spalte „Übe“ ablesen, auf welchen Seiten du Erklärungen und Übungen findest, die dich besser machen.

Bereich	Aufgabe	Gesamt ✔	deine ✔	kritischer Wert	Übe
persönliches Fürwort	5	27		23	Kapitel 10A, Seite 86, 87

6 Bestimmung der Satzglieder

Unterstreiche alle Satzglieder. Bestimme das Prädikat (Satzaussage) und das Subjekt (Satzgegenstand) und schreibe P = Prädikat und S = Subjekt über diese Satzglieder.

1. Entlang des Flusses stehen zahlreiche Weiden.

2. Die Tulpen blühen in diesem Jahr sehr früh.

3. In den Ferien fährt die ganze Familie nach Kroatien.

4. Manche Sportler gehen im Wettkampf bis an ihre Grenzen.

5. Der Angeklagte beweist dem Richter seine Unschuld.

6. Im Spital verwechselte man die beiden Babys.

7. Die Eltern erlaubten dem Sohn die Teilnahme am Ferienlager.

8. Im Verlauf des Rennens steigt der Blutdruck der Sportler.

9. Die Vorräte reichen bestenfalls für eine Woche.

10. Sportler bevorzugen als Kost frisches Obst und Gemüse.

Gib dir für jede richtige Lösung ein ✔. Zähle deine ✔ zusammen und trage sie in die Tabelle ein. Wenn du unterhalb des kritischen Wertes liegst, kannst du in der Spalte „Übe" ablesen, auf welchen Seiten du Erklärungen und Übungen findest, die dich besser machen.

Bereich	Aufgabe	Gesamt ✔	deine ✔	kritischer Wert	Übe
Bestimmung der Satzglieder	6	58		49	Kapitel 11, Seite 92–101

GROSS- UND KLEINSCHREIBUNG

A Warum und was großgeschrieben wird

- Die **Großschreibung** ist ein besonderes **Hervorheben** von bestimmten Wörtern und Textstellen. Das Hervorheben durch große Anfangsbuchstaben soll angeblich das **Lesen erleichtern**.

- Im Laufe der Zeit entwickelte sich die Großschreibung zu einer **einheitlichen Regelung**. Heute tritt im Deutschen die Großschreibung in folgenden Bereichen auf:

4 Regeln zur Großschreibung
Regel 1: am Satzanfang und in Überschriften: *Heute gilt …*
Regel 2: bei Namenwörtern (Nomen) sowie bei Wörtern, die wie Namenwörter gebraucht werden: *der Sturm, das Stürmen …*
Regel 3: bei der höflichen Anrede mit *Sie, Ihnen, Ihr …*
Regel 4: bei Eigennamen: *Michael, Wien, Italien …*

- Um eine richtige Entscheidung zu treffen, musst du dein Grammatikwissen einsetzen = **grammatische Rechtschreibstrategie**.
  Folgende **Fragen** musst du dir stellen:

1 Schreibe die richtigen Regelnummern 1, 2, 3 oder 4 über die großgeschriebenen Wortanfänge.

BEISPIEL
1 Sehr geehrter 2 Herr 4 Schneider!

Wie ich Ihnen gestern am Telefon mitgeteilt habe, kann ich leider die ganze Woche nicht in die Schule kommen. Beim Schlucken kratzt mein Hals fürchterlich, und ich habe beinahe keine Stimme. Mein Schulfreund Felix wird mir am Freitag alle Hefte zum Nachschreiben bringen. Am nächsten Montag bin ich wieder in der Schule.

Ich danke, dass Sie Verständnis für mein Fehlen haben.

Liebe Grüße Ihr Max

2 Unterstreiche jene Anfangsbuchstaben, die großgeschrieben werden müssen. Schreibe die entsprechende Regelnummer wie bei Übung 1 darüber.

BEISPIEL
1 liebe 2 frau 2 lehrer 4 schmidt!

ich muss heute zu hause bleiben, weil ich mich gestern beim fußballtraining verletzt habe. vielleicht ist ihnen bekannt, dass ich beim club admira in der nachwuchsmannschaft spiele. wir trainieren jeden dienstag und donnerstag. beim letzten training ist dann das unglück passiert. mein gegenspieler jochen renk, den sie auch gut kennen, und ich hechteten gleichzeitig nach einem hohen ball. in der luft sind wir mit unseren köpfen zusammengeknallt. im krankenhaus haben die ärzte eine leichte gehirnerschütterung festgestellt.

bis bald ihr florian

B Wie man ein eigentliches (= echtes) Namenwort (Nomen) erkennt

- Die Regel „Ein Namenwort schreibt man groß" klingt einfach, macht aber trotzdem Schwierigkeiten. Das **Problem** liegt darin, ein Namenwort von einem Nicht-Namenwort zu unterscheiden.

- Ein Namenwort kann man an **folgenden Merkmalen** erkennen:

  1. Leistung des Nomens

  a) Das Namenwort bezeichnet etwas Sichtbares bzw. etwas zum Anfassen, zB Gegenstände oder Lebewesen: *Er liest ein* ***B****uch. Sie füttert* ***K****atzen.*

  b) Das Namenwort bezeichnet etwas Nichtgegenständliches: *Er hat* ***F****ieber.*

  2. Begleiter vor dem Namenwort

  a) Ein Artikel: *Sie geht in* ***die M****ittelschule.*

  b) Ein Artikel mit dem Vorwort verschmolzen: *Sie geht zu****m*** = zu ***dem A****rzt.*

  c) Ein gedachter Artikel: *Er putzt* ***(die) Schuhe****.*

  3. Bestimmte Nachsilben

  Namenwortmacher sind: -***heit***, -***keit***, -***nis***, -***tum***, -***schaft***, -***ung***:

  h*eiter* → ***H****eiter****keit****,* ***w****issen* → ***W****issen****schaft****,* ***h****offen* → ***H****off****nung***

  Sie machen aus Eigenschaftswörtern oder Zeitwörtern ein Namenwort.

- Um eine richtige Entscheidung zu treffen, kannst du eine **Strategie** (= grammatische Strategie) entwickeln. Im Falle der Großschreibung musst du **Signale** für ein Namenwort erkennen:

3 Überlege, welches Wort etwas Sichtbares bezeichnet. Schreibe K = Konkretes daneben. Kennzeichne ein Wort, das etwas Unsichtbares bezeichnet, mit A = Abstraktes.

BEISPIEL GLÜCK A AUTO K

SCHMERZ		BEERE		HOLZ		GEFAHR	
HEU		KAKTUS		AMPEL		EIS	
LÖWE		FISCH		KÄLTE		TRAUER	
WUT		HITZE		WASSER		HUNGER	
HERZ		TREUE		KNIE		GOLD	

4 Wende bei den Namenwörtern der Übung 3 die Artikelprobe an. Schreibe die Wörter mit dem richtigen Artikel in dein Heft und markiere den Artikel und den großen Anfangsbuchstaben mit Farbe.

BEISPIEL der Schmerz

5 Vorsicht, nicht immer ist das Wort nach dem Artikel das Namenwort! Übermale den Artikel und das betreffende Namenwort. Schreibe die Wortgruppe daneben auf.

BEISPIEL EIN GANZ STARKER TYP → ein ganz starker Typ

DIE BLONDE MÄHNE → ……………………

MIT EINEM HOHEN TEMPO → ……………………

EIN GEFÄHRLICHER VERSUCH → ……………………

BEI DEM HEFTIGEN STURM → ……………………

EIN LAUT WEINENDES KIND → ……………………

6 Leite aus den Zeitwörtern und Eigenschaftswörtern Namenwörter ab. Markiere die Nachsilbe und den großen Anfangsbuchstaben mit Farbe. Schreibe die Wörter in dein Heft.

BEISPIEL lesen → die Lesung krank → die Krankheit

wirken, ereignen, irren heiter, gesund, sauber

C Zeitwörter (Verben) und Eigenschaftswörter (Adjektive) wie Namenwörter (Nomen) gebrauchen

- Zeitwörter und Eigenschaftswörter werden grundsätzlich kleingeschrieben: *schreiben, ich schreibe, ich habe geschrieben, abschreiben, ich schreibe ab; fleißig sein, der fleißige Schüler …*

- **Zeitwörter** und **Eigenschaftswörter** können – wie alle anderen Wortarten – auch wie ein Namenwort gebraucht werden. Die Verwendung als Namenwort (= Nomen) bezeichnet man als **Nominalisierung**.

- Um eine richtige Entscheidung zu treffen, kannst du eine **Strategie** (= grammatische Strategie) entwickeln. Wichtige **Signale** für eine **Nominalisierung** sind:

Signale für Nominalisierung Zeitwort

Regel 1: der Artikel *das*: *wir lesen*, aber ***das** Lesen beherrschen*

Regel 2: der verschmolzene Artikel in *am, beim, im, vom, zum*:
***am** Üben verzweifeln, **beim** Eintreten grüßen, **im** Schlafen reden, **vom** Rauchen krank werden, **zum** Trainieren bereit sein …*

Weitere Signale wirst du auf einer höheren Schulstufe kennenlernen.

Signale für Nominalisierung Eigenschaftswort

Regel 1: ein Artikel, der zum Adjektiv gehört: ***das** Schöne lieben, **den** Kürzeren ziehen, **das** Beste wollen*

Regel 2: ein Artikel, der mit einem Vorwort verschmolzen ist:
***vom** Guten träumen*

Regel 3: die Wörtchen *etwas, nichts, wenig, alles, viel, allerlei*:
***etwas** Wichtiges, **nichts** Böses, **wenig** Erfreuliches, **alles** Gute, **viel** Neues, **allerlei** Komisches*

VORSICHT, FALLE!

Nicht immer schreibt man nach diesen Wörtern das Adjektiv groß:
*Ich kann **etwas** gut, **b**esser, **am** besten.* (Grund-, Mehr-, Meiststufe)

7 Bilde Sätze nach folgendem Muster und schreibe sie ins Heft. Markiere den Artikel *das* und den großen Anfangsbuchstaben des Zeitworts mit Farbe.

BEISPIEL Wir hören **das K**lingeln der Straßenbahn.

In einer Stadt ist viel los:

1. eine Tram klingelt
2. Autos hupen
3. Sirenen heulen
4. Jugendliche musizieren
5. ein Pressluftbohrer hämmert
6. Autoreifen quietschen

8 Bilde mit den folgenden Zeitwörtern ähnliche Sätze und schreibe sie ins Heft. Markiere den verschmolzenen Artikel *im* und den großen Anfangsbuchstaben des Zeitworts mit Farbe.

BEISPIEL Ich bin gut **im R**echnen. Ich bin nicht gut **im** …

Worin ich gut/nicht gut bin:

1. hochspringen
2. rechtschreiben
3. singen
4. schwimmen
5. reiten
6. eislaufen

9 Forme die Ausdrücke um und schreibe sie ins Heft.

BEISPIEL ein **f**remder Mensch → ein **F**remder

1. die blonde Dame
2. ein älterer Herr
3. ein neugeborenes Baby
4. die besten Schüler
5. die schlanken Menschen
6. der größte Schüler

10 Überprüfe, in welchen Ausdrücken das Eigenschaftswort nach den Wörtchen *etwas*, *nichts* … großgeschrieben werden muss. Setze die fehlenden Anfangsbuchstaben ein.

BEISPIEL an **nichts d**enken — **nichts G**enaues wissen

1. sich **etwas** ____utes gönnen
2. **viel** ____eues erfahren
3. **nichts** ____nüberlegt machen
4. **etwas** ____ut können
5. sich an **nichts** ____enau erinnern
6. **nichts** ____chlimmes befürchten
7. **wenig** ____rfreuliches mitteilen
8. **alles** ____ute wünschen

X TEST 1 – Groß- und Kleinschreibung

Testdauer: 10 min

Welche Wörter werden großgeschrieben? Streiche bei diesen den kleinen Anfangsbuchstaben durch. Gib dir für jede richtige Lösung ein ✓.

1. die kinder wünschen ihrer lehrerin alles gute zum geburtstag.
2. der zeuge wusste nichts genaues über den verlauf des unfalls.
3. mein herr, nehmen sie ihre papiere und verschwinden sie für immer!
4. das begehen der gleise endete mit dem tod des unvorsichtigen.
5. die älteren erzählen den jüngeren interessantes über die gute alte zeit.
6. genießen sie ihren aufenthalt in unserem luxushotel!
7. lieber herr, sie vergeuden nur ihre wertvolle zeit!
8. im wesentlichen hat er die regeln zur großschreibung im kopf.
9. in städten braucht man zum parken eine parkuhr oder einen parkschein.
10. entschuldigen sie, wo ist hier in der nähe ein lokal zum speisen?
11. in unserer gesellschaft gilt das schmatzen als unhöflichkeit.
12. liebe frau, haben sie schon den schaden an ihrem auto gesehen?
13. die vielen wartenden ahnten nichts böses und stiegen in den bus.
14. der beste war im laufen um eine sekunde schneller als der zweitbeste.
15. ich lade sie, meine damen und herren, am abend zum essen ein.

Gesamtzahl der Verstöße gegen die Großschreibung: 76

Ich habe ______ Verstöße entdeckt.

Ab 72 und mehr Richtigen kannst du zufrieden sein. Bei weniger als 72 solltest du dir die Seiten 18 bis 23 noch einmal anschauen!

X

KREUZE AN

1	2	3 *	
			1. Ich kann die vier Bereiche nennen, in denen Wörter im Deutschen großgeschrieben werden. (Wissen, Seite 18)
			2. Ich kann in einem deutschen Text erkennen, warum bestimmte Wörter großgeschrieben werden. (Übung 1, Seite 19)
			3. Ich kann in einem kleingeschriebenen Text entscheiden und begründen, welche Wörter großgeschrieben werden. (Übung 2, Seite 19)
			4. Ich kann zwischen Namenwörtern unterscheiden, die etwas Sichtbares, Anfassbares (Konkretes) und Unsichtbares, nicht Anfassbares (Abstraktes) bezeichnen. (Übung 3, Seite 21)
			5. Ich kann die Artikelprobe richtig anwenden. (Übung 4 und 5, Seite 21)
			6. Ich kann aus Zeit- und Eigenschaftswörtern Namenwörter mit bestimmten Nachsilben ableiten. (Übung 6, Seite 21)
			7. Ich kann mit nominalisierten Zeitwörtern Sätze bilden und die Zeitwörter großschreiben. (Übung 7 und 8, Seite 23)
			8. Ich kann Eigenschaftswörter in Verbindung mit einem Artikel nominalisieren und großschreiben. (Übung 9, Seite 23)
			9. Ich kann entscheiden, ob nach den Wörtchen *nichts*, *wenig*, *alles* … das Eigenschaftswort großgeschrieben wird oder nicht. (Übung 10, Seite 23)

Ein Fehlertext zur Groß- und Kleinschreibung ist über den QR Code® oder Key abrufbar.

Key: 372

* Anmerkung
1 bedeutet: perfekt – alle Übungsaufgaben richtig
2 bedeutet: ausreichend – mehr als die Hälfte der Übungsaufgaben richtig
3 bedeutet: nicht ausreichend – weniger als die Hälfte der Aufgaben richtig

KONSONANTENVERDOPPELUNG

A Warum und wann Konsonanten verdoppelt werden

- **Konsonanten** sind **Mitlaute** wie b, c, d, f (gesprochen als be, ce, de, ef) usw.
- Dir wird schon aufgefallen sein, dass in manchen Wörtern die **Mitlaute** nur **einfach**, in anderen Wörtern hingegen **doppelt** zu schreiben sind: *die Kante, er kannte, der Ofen, offen* usw.

Konsonantenverdoppelung

Regel 1: Die **Länge** des vorangehenden betonten Selbstlautes (= Vokales) ist für die Doppelung entscheidend:
Nach einem **langen Selbstlaut** steht nur **ein Mitlaut**: *Rad*, *Mut*, *Hof*, *wen* …
Nach einem **kurzen Selbstlaut** stehen **mindestens zwei Mitlaute**: *Kind*, *Kante*, *Herbst*, *fort*, *Muskel* …

Regel 2: Ist **nach** einem **kurzen Selbstlaut** nur **ein Mitlaut** vorhanden, muss dieser **verdoppelt** werden: *Ball*, *Stoff*, *Bett*, *stumm*, *Kinn* …

- Als angehender Rechtschreibprofi kannst du die **Strategie** erwerben, solche **Regeln** in deine Schreibentscheidungen **einzubauen** – sie also **anzuwenden**.

- Bei **Zeitwörtern** kannst du nur in der **Nennform** eine **Entscheidung** treffen, zB *lallen*, *knallen*, *fallen* … Diese Doppelungen bleiben auch in allen Personalformen erhalten: *es lallt*, *es knallt*, *er fällt* …

11 Lies die folgenden Wörter laut vor und entscheide, ob der Selbstlaut (= Vokal) lang oder kurz gesprochen wird. Übermale den langen Selbstlaut gelb, den kurzen Selbstlaut blau.

BEISPIEL Schal Gans

hart	Grab	Schaf	Kalb	Mast	fad
Weg	Herbst	her	Nest	Krem	Hemd
Wirt	wir	flink	vor	mir	List
rot	dort	sonst	Kot	Post	Hof
Dunst	Hut	Luft	Schnur	bunt	Lust

12 Rahme bei den Wörtern der Übung 11 die nachfolgenden Mitlaute (= Konsonanten) ein. Überprüfe die Regel:
langer Selbstlaut → ein Mitlaut
kurzer Selbstlaut → mindestens zwei Mitlaute

BEISPIEL Schal Gans

13 In den folgenden Wörtern ist der betonte Selbstlaut immer kurz. Setze *l* oder *ll* ein. Denk an die Regel: Verdoppelt wird, wenn nur ein Mitlaut folgt.

BEISPIEL hell Helm

schne……	Schma……z	Ze……t	Ba……	Kna……
Fe……	Fe……d	Ha……m	vo……	Vo……k
mi……d	Mü……	ka……t	Sta……	Bi……d

B Spezialfall ck und tz

- Das **ck** und das **tz** sind wie Doppelkonsonanten zu betrachten. Daher gelten die gleichen Regeln wie für die Schreibung von Doppelkonsonanten.

k oder ck, z oder tz?

Regel 1: Ein **ck** oder **tz** kann nur nach einem **kurzen Selbstlaut/Umlaut** stehen, wenn nicht noch ein weiterer Mitlaut folgt: *Satz*, *Sack*, *Mütze*, *Mücke* …

Regel 2: Nach einem **langen Selbstlaut/Umlaut** und nach einem **Zwielaut** (eu, äu, au, ei) steht nur ein z oder k: *der Spuk*, *schaukeln*, *sich duzen*, *heizen* …

Regel 3: **Nach einem Mitlaut** schreibe **nie** ein ck oder tz: *Wolke*, *Sturz* …

- Beim Abteilen wird
  - das tz getrennt: *Kat-ze*, *Sät-ze* …; aber *Kätz-chen*, *Satz-glied* …
  - das ck kommt in die nächste Zeile: *Rü-cken*, *Bä-cker* …; aber: *Rück-flug*, *Back-stube* …

14 Überprüfe die Regeln zu z/tz durch Ordnen der Wörter. Schreibe die Wörter in drei Spalten ins Heft und kennzeichne das z/tz mit gelber Farbe und den vorangehenden Laut mit blauer Farbe.

BEISPIEL

vor dem z steht ein Mitlaut	vor dem z steht ein Zwielaut	vor dem tz steht ein kurzer Selbstlaut
Sturz	heizen	sitzen

trotzig Schmerz Satz Lanze setzen Schutz

ganz Weizen jetzt sitzen schnäuzen Kreuz

herzlich Verletzung Schnauze stürzen putzen Walze

15 Überprüfe die Regeln zu k/ck durch Ordnen der Wörter. Schreibe die Wörter in drei Spalten ins Heft und kennzeichne das k/ck mit gelber Farbe und den vorangehenden Laut mit blauer Farbe.

BEISPIEL

vor dem k steht ein Mitlaut	vor dem k steht ein Zwielaut oder ein langer Selbstlaut	vor dem ck steht ein kurzer Selbstlaut oder kurzer Umlaut
krank	Pauke	Sack

Kork Hacke spucken Balken Rücken Haken

Bäcker trinken quieken heikel blöken Wolke

einpacken erschrak wanken Blick Kalk Spukschloss

16 Wende die Regeln zum ck und tz an und setze die fehlenden Buchstaben ein. Achtung, der Laut/Buchstabe davor (Fettdruck) entscheidet!

BEISPIEL wir erschra**k**en plö**tz**lich er erschri**ck**t

Verschm**u**___ung Kleiderh**a**___en verl**e**___t

Ho**l**___h**a**___e Matr**a**___e H**ä**___elnadel

schme**r**___lich V**i**___eka**n**___ler S**i**___ba**n**___

X TEST 2 – Konsonantenverdoppelung

Testdauer: 10 min

Der Schreiber der nächsten Sätze hat keine Doppelungen und kein ck/tz geschrieben. Korrigiere die Sätze. Gib dir für jede richtige Lösung ein ✓.

1. Auf der Zeltspize stekt ein dreiekiger Wimpel.

2. Mit einem Nusknaker öfnet man schnel harte Nüse.

3. Bei einem Gewiter folgt auf einen grelen Bliz ein Doner.

4. Im Somer steht die Heizung grundsäzlich stil.

5. Beim Sturz von der Trepe verlezte er sich eine Ripe.

6. Das Renauto rolte ohne Treibstof ins Ziel.

7. Die Wohnräume in der Vila waren geschmakvol geschmükt.

8. Akusativ ist der lateinische Begrif für den 4. Fal.

9. Plözliches Glateis verursachte einen Masenunfal.

10. Den Koferraum des kaputen Autos konte niemand öfnen.

11. Eine Fahrt mit einem rasanten Schnelboot gefält alen.

12. In den Somermonaten mus man eine Heke öfter stuzen.

13. Der Torman erhielt im lezten Handbalspiel nur wenige Trefer.

14. Manche Schülerinen könen von tolen Reisen erzählen.

15. Ab jezt behersche ich die Dopelungen beser als vorher.

Gesamtzahl der Fehlschreibungen: 54

Ich habe ____ Fehler entdeckt.

Ab 46 und mehr Richtigen kannst du zufrieden sein. Bei weniger als 46 solltest du dir die Seiten 26 bis 29 noch einmal anschauen!

X

KREUZE AN

1 2 3 *

1. Ich kann zwischen langen und kurzen Selbstlauten unterscheiden. (Übung 11, Seite 27)

2. Ich erkenne den Zusammenhang zwischen der Vokallänge und den nachfolgenden Mitlauten. (Übung 12, Seite 27)

3. Ich kann entscheiden, wann ein Mitlaut verdoppelt werden muss. (Übung 13, Seite 27)

4. Ich kenne die Regeln zum Spezialfall ck und tz und kann sie anwenden. (Übung 14 bis 16, Seite 29)

* Anmerkung
1 bedeutet: perfekt – alle Übungsaufgaben richtig
2 bedeutet: ausreichend – mehr als die Hälfte der Übungsaufgaben richtig
3 bedeutet: nicht ausreichend – weniger als die Hälfte der Aufgaben richtig

S-SCHREIBUNG

A Das Doppel-s (ss)

- Das Doppel-s ist wie jeder andere **Doppelmitlaut** (ff, mm, nn ...) zu sehen.
- Für die Schreibung von Wörtern mit ss gelten daher die **gleichen Regeln** wie für die Schreibung der anderen Doppelkonsonanten:

ss – s

Regel 1: Die Länge des vorangehenden Selbstlautes (= Vokales) ist für die Doppelung entscheidend:
Ein **ss** kann nur nach einem **kurzen Selbstlaut/Umlaut** stehen:
Gasse, fesseln, küssen …

Regel 2: Steht nach dem kurzen Selbstlaut/Umlaut neben dem **s** noch ein weiterer Mitlaut, wird nur ein **einfaches s** geschrieben:
Muskel, Muster, Küste …

- Für eine Entscheidung, ob ein Wort mit **ss** geschrieben wird, kannst du die **Strategie der Regelanwendung** einsetzen. Dabei musst du dir folgende Fragen stellen:

17 Wende die Regeln zum ss an. Sprich die Wörter deutlich und setze nach einem kurzen Selbstlaut ein ss und nach einem langen Selbstlaut ein s ein.

BEISPIEL eine kostbare Vase
kostbares Wasser

giftige Ga......e	ein volles Fa......	Ma......ern bekommen
eine lange Ga......e	ein Fa......erstift	die Schneema......en
be......er rechnen	ein nettes We......en	die Nä......e erdulden
der Be......enstiel	we......en Buch?	beim Reden nä......eln
feuchte Wie......en	hoch zu Ro......e	ein süßes Apfelmu......
ein großes Wi......en	eine rote Ro......e	er mu...... mehr üben

18 In diesen Wörtern wird der Selbstlaut vor dem s immer kurz gesprochen. Du musst achten, ob neben dem s noch ein zweiter Mitlaut hörbar ist. Dann wird nämlich nur ein einfaches s geschrieben. Setze s oder ss ein.

BEISPIEL eine seltene Rasse
eine Rast einlegen

be......er singen	die Rinderma......t	eine Ta......e Tee
am be......ten tanzen	die Teigma......e	die Klavierta......te
Ro...... und Reiter	an der Kü......te	keinen Ha...... fühlen
ein ro......tiger Nagel	sich kü......en	ohne Ha......t

B Wörter mit ß als Sonderfall

- Die Entscheidung, ob du in einem Wort **s** oder **ss** schreiben musst, hast du auf **Seite 32** gelernt. Ein **ss** kann nur nach einem kurzen Selbstlaut stehen, nie nach einem langen Selbstlaut oder Zwielaut (au, ei, eu, äu).

- Nach einem **langen Selbstlaut** oder **Zwielaut** kann ein **s** oder **ß** stehen. Für deine Entscheidung sind folgende Regeln hilfreich: Du kannst also mit der **Strategie der Regelanwendung** Wörter mit **ß** richtig schreiben.

s – ß

Regel 1: Klingt der s-Laut **stimmhaft (summend = „Bienen-s“)**, dann steht ein **s**: *Gase, leise* …

Regel 2: Klingt der s-Laut **stimmlos (zischend = „Schlangen-s“)**, dann steht ein **ß**: *süße, große* …

Regel 3: Am Wortende klingt der s-Laut immer stimmlos (zischend): *Gas, groß* …
Da du daher nicht mehr entscheiden kannst, ob s oder ß geschrieben wird, musst du das Wort verlängern: *Gase, große* …

- Durch die **Gegenüberstellung** von ähnlich klingenden Wörtern mit einem stimmhaften s und einem stimmlosen ß bekommst du ein Gefühl für die Unterscheidung → Übung 19.

- Wenn es dir nicht gelingt, den Unterschied zwischen stimmhaften und stimmlosen s-Lauten herauszuhören, sei nicht verzweifelt!
In diesem Fall legst du dir am besten eine **Liste mit häufigen ß-Wörtern** an und **übst** sie oftmals. Du bekommst mit der **Strategie des Einprägens** auch die ß-Wörter in den Griff – allerdings mit mehr Übungseinsatz.

19 Sprich die Wortpaare deutlich, besonders den stimmhaften (summenden) und den stimmlosen (zischenden) s-Laut. Setze dann s oder ß ein.

BEISPIEL sich kalt brau**s**en – drau**ß**en warten

im Sommer verrei…en	–	das Lenkrad verrei…en
ein hei…er Sommertag	–	eine hei…ere Stimme
ein wei…er Mann	–	ein wei…er Lack
im Spital gene…en	–	im Hotel genie…en
die Wandflie…en	–	im flie…enden Wasser
ein blo…es Haupt	–	ein lo…es Hemd

20 Bei den folgenden Wörtern steht der s-Laut am Wortende. Verlängere die Wörter, damit du den stimmhaften und stimmlosen s-Laut hören kannst.

BEISPIEL gro ? → grö**ß**er
Lau ? → Läu**s**e

Sto ?	→	Stö…e	Spie ?	→	Spie…e
Gra ?	→	Grä…er	sü ?	→	sü…er
Flo ?	→	Flö…e	Kie ?	→	Kie…elstein
Prei ?	→	Prei…e	Strau ?	→	Sträu…e
Gru ?	→	Grü…e	hei ?	→	hei…er
er la ?	→	sie la…en	Krei ?	→	Krei…e

21 Hier findest du eine Sammlung von häufigen Wörtern mit ß. Schreibe die Wörter in alphabetischer Reihenfolge in dein Heft. Überprüfe, ob das ß stimmlos (zischend) klingt.

BEISPIEL au**ß**en – bei**ß**en

schließlich, beißen, schießen, grüßen, Fleiß, fleißig, Schweiß, Maße, Gruß, Floß, außen, heißen, gießen, dreißig, Fuß, sprießen, Gefäß, mäßig, stoßen, Strauß, bloß, fließen, scheußlich, gemäß, Geiß, genießen, schließen, Straße, weiß

C Die Unterscheidung *das* und *dass*

- Für die Entscheidung, ob du *das* oder *dass* schreiben musst, brauchst du wiederum eine andere **Strategie**. Du musst dein **grammatisches Wissen** heranziehen und herausfinden, welche Wortart hinter dem zu schreibenden *das* oder *dass* steckt.

das – dass

Regel 1: *das als Begleiter: **Das** Pferd Max gewann **das** Reitturnier.*

Regel 2: *das als bezügliches Fürwort: Das Pferd, **das** gewann, gehört der Familie B.*

Regel 3: *das als hinweisendes Fürwort: **Das** war der größte Triumph.*

Regel 4: *dass als Bindewort: Der Besitzer hoffte, **dass** Max das Turnier gewinnt.*

- Mit Ersatzproben kannst du die Wortart herausfinden:

- Viele schreiben nach einem Beistrich automatisch ein *dass*. Leider stimmt die Entscheidung nicht immer:

*Ich fühle, **dass das** Wetter schlechter wird.*

Aber:

*Ich fühle, **das** Wetter wird schlechter.* → Das Bindewort fehlt, der Artikel kommt gleich nach dem Beistrich.

22 Setze *das* oder *dass* ein. Überlege zuerst, um welche Wortart es sich handelt, und schreibe darüber: A = Artikel, BF = bezügliches Fürwort, HF = hinweisendes Fürwort, B = Bindewort *dass*.

BEISPIEL Ich denke, **dass** (B) **das** (A) Klima einen starken Einfluss auf Tier und Mensch hat.

_______ Menschen bei Föhn unter Kopfweh leiden, _______ ist allgemein bekannt. _______ Wetter und _______ Klima beeinflussen _______ Wohlbefinden der Menschen. Nur ist _______ vielen Menschen nicht bewusst. Es gibt auch ein Fach, _______ sich mit den Auswirkungen des Wetters auf Körper und Seele beschäftigt. So weiß man, _______ an trüben Tagen Menschen depressiv sein können. Sensible Menschen spüren _______ Wetter besonders stark.

23 Setze *das* oder *dass* ein. Forme jeden Satz um.

BEISPIEL Ich glaube, **dass das** Wetter besser wird.
Ich glaube, **das** Wetter wird besser.

Ich fürchte, _______ _______ Gewitter Schäden anrichtet.

Ich fürchte, _______________________________________

Ich spüre, _______ _______ nicht gutgehen kann.

Ich spüre, _______________________________________

Ich hoffe, _______ _______ Spiel unentschieden ausgeht.

Ich hoffe, _______________________________________

Ich weiß, _______ _______ Laufen gesund ist.

Ich weiß, _______________________________________

X TEST 3 – s-Schreibung

Testdauer: 15 min

In den folgenden Sätzen wird der s-Laut nur mit einem s verschriftet. Korrigiere die Sätze. Gib dir für jede richtige Lösung ein ✓.

1. Jeder weis, das die Strase keine Spielwiese ist.
2. Träge dahinfliesende Bäche verwandeln sich in reisende Gewäser.
3. Ein Beserwiser glaubt, stets alles am besten zu wisen.
4. „Ohne Fleis kein Preis“, heist ein bekanntes Sprichwort.
5. Die Gäste asen mit Genus die hausgemachte Süsspeise.
6. Die mäsigen Ergebnise einiger drückten den Klasendurchschnitt.
7. Nach dem schweistreibenden Anstieg musten wir ein bischen rasten.
8. Das heimische Fusballteam ist diesmal nur kraser Ausenseiter.
9. Schlieslich konnte der Besere den Sieg noch an sich reisen.
10. Der Reisverschlus lies sich nur mit Mühe schliesen.
11. Der Spies, der im Gesäs steckte, muste herausoperiert werden.
12. Die Ausenwand eines Hauses nennt man Fasade.
13. Die meisten hasen nase Tage und geniesen heises Wetter.
14. Das es weltweit heiser wird, das beweisen die Klimamesungen.
15. Es gab sich keine Blöse und wuste alle Aufgaben zu lösen.

Gesamtzahl der Fehlschreibungen: 44

Ich habe ______ Fehler berichtigt.

Ab 39 und mehr Richtigen kannst du zufrieden sein. Bei weniger als 39 solltest du dir die Seiten 32 bis 37 noch einmal anschauen!

X

KREUZE AN

1 2 3 *

1. Ich kann entscheiden, ob nach einem kurzen Selbstlaut ein s oder ss stehen muss. (Übung 17 und 18, Seite 33)

2. Ich kann entscheiden, ob nach einem langen Selbstlaut ein s oder ß stehen muss. (Übung 19 bis 21, Seite 35)

3. Ich kann entscheiden, ob *das* oder *dass* geschrieben werden muss. (Übung 22 und 23, Seite 37)

Ein Fehlertext zur s-Schreibung und Konsonantenverdoppelung ist über den QR Code® oder Key abrufbar.

Key: 372

* Anmerkung
1 bedeutet: perfekt – alle Übungsaufgaben richtig
2 bedeutet: ausreichend – mehr als die Hälfte der Übungsaufgaben richtig
3 bedeutet: nicht ausreichend – weniger als die Hälfte der Aufgaben richtig

SCHREIBUNG LANGER SELBSTLAUTE

A Die Schreibung der langen Selbstlaute (Langvokale) a, e, o und u

- **Knifflig** bei Langvokalen ist die **Schreibung des langen Selbstlautes**. Der folgende Reim zeigt sehr schön die Problematik:

  *Man verliert so mit den J**ah**ren*
  *immer mehr von seinen H**aa**ren,*
  *kann sich bald das Kämmen sp**a**ren.*

- In **9 von 10 Wörtern** schreibt man den langen Selbstlaut **normal**, das heißt **ohne Kennzeichnung** der Dehnung: *Sch**a**l, b**e**ten, Br**o**t, Gr**u**ß …*

- Ein **Dehnungs-h** kann nur vorkommen (muss aber nicht), wenn nach dem Langvokal ein **l**, **m**, **n** oder **r** folgt.
  Alle anderen Mitlaute schließen ein Dehnungs-h aus:
  *Z**ahl**, z**ahm**, Z**ahn**, B**ahr**e;*
  aber: *G**a**s, f**a**d, Str**a**fe, L**a**ge …*

- Da die Regel für die Schreibung eines Dehnungs-h noch unvollkommen ist, empfehlen wir dir die **Strategie des Einprägens** von häufigen Wörtern mit einem Dehnungs-h.

- Wörter mit den Doppelvokalen aa, ee und oo gehorchen überhaupt **keiner Regel**. Diese Wörter kann man sich nur **merken**. Zu empfehlen ist eine **Liste** mit den wichtigsten Wörtern. Es gibt **keine Wörter** mit dem Doppelvokal **uu**.

24 In den folgenden Wörtern wird der Selbstlaut immer lang gesprochen. Bei einigen wird ein -h, bei einigen kein -h geschrieben. Bei Unsicherheiten verwende das Wörterbuch. Bedenke auch: Alle nachfolgenden Mitlaute außer l, m, n, r verbieten ein Dehnungs-h.

BEISPIEL Bahn, raten …

a/ah:	G___s	Z___l	J___r	R___d	Gef___r
	f___l	Str___fe	Z___n	St___l	F___den
e/eh:	z___n	r___den	L___m	L___rerin	
	b___ten	s___nen	F___ler	Feuerw___r	
o/oh:	R___del	R___r	S___n	b___ren	R___se
	obw___l	N___t	L___n	W___nung	
u/uh:	Kr___g	N___del	Turm___r	H___n	R___te
	St___l	r___fen	F___rwerk	kl___g	

25 In jeder Zeile findest du verwandte Wörter. Setze die fehlenden Selbstlaute/Umlaute ein.

BEISPIEL Wahl → wählen gewählt Wähler

Z___l	→	z___len	erz___len	Erz___lung
f___ren	→	gef___rlich	Gef___rte	F___rmann
h___l	→	H___le	aush___len	H___lweg
w___r	→	W___rheit	bew___ren	W___rung
J___r	→	j___rlich	verj___ren	zweij___rig
z___m	→	z___men	Z___mung	gez___mt

26 Welche Doppelvokale fehlen? Schreibe die Wörter in drei Gruppen: aa – ee – oo in dein Heft.

BEISPIEL

aa	ee	oo
Paar	Kaffee	doof

T___r, Blumenb___t, B___re, S___t, Z___, St___t, F___, M___r, M___r, Motorb___t, Schn___, P___r, W___ge, M___s, S___l, S___, Kl___, Sp___r, h___rig, verh___rend, l___r, S___le, ___l

B Der lang gesprochene i-Laut – ein Sonderfall

- Für den langen i-Laut gibt es die **vier** Schreibvarianten **ie**, **i**, **ih**, **ieh**: *l**ie**b*, *m**i**r*, ***ih**m*, *V**ieh***.

i-Laut

Regel 1: Der lange i-Laut wird in deutschen Wörtern grundsätzlich mit **ie** verschriftet:
*L**ie**d, S**ie**b, R**ie**men, l**ie**ben …*
Von je 100 deutschen Wörtern mit einem langen i-Laut werden 77 mit **ie** geschrieben. Das heißt: Das **ie** ist die Normalschreibung.

Regel 2: In einigen deutschen Wörtern wird für den langen i-Laut ein einfaches **i** geschrieben:
*d**i**r, m**i**r, w**i**r; er g**i**bt, B**i**bel …*

Regel 3: In wenigen Wörtern wird für den langen i-Laut ein **ih** geschrieben:
***ih**m, **ih**n, **ih**r …*

Regel 4: Die Schreibung **ieh** ist ein ganz seltener Fall:
*V**ieh**, er empf**ieh**lt, sie s**ieh**t …*

- Diese Regeln helfen dir nicht direkt für eine Entscheidung, welche Schreibung richtig ist. Die Strategie, eine Regel anzuwenden, hilft also nur eingeschränkt. Am besten du verfolgst die **Strategie der Worteinprägung**: Merke dir am besten die Wörter mit der Schreibung **i**, **ih** und **ieh**. Alle anderen Wörter schreibst du mit **ie**.

- Es gibt vier Wörter mit einem langen i-Laut, die gleich klingen, aber unterschiedlich geschrieben werden:

*L**i**d* (beim Auge)	–	*L**ie**d* (Gesangsstück)
*M**i**ne* (Bleistift, Bergwerk)	–	*M**ie**ne* (Gesicht)
*St**i**l* (Schreibart, Bau)	–	*St**ie**l* (Hammer, Besen)
*w**i**der* (gegen)	–	*w**ie**der* (erneut)

Du musst bei deiner Entscheidung auf die Wortbedeutung achten:

*W**i**derstand* (kommt von *w**i**der* = gegen)
*W**ie**derholung* (kommt von *w**ie**der* = erneut)

27 Die folgenden Wörter enden auf *ine*. Ergänze die Wörter und schreibe sie in dein Heft. Kontrolliere mit dem Wörterbuch und schreibe auch die Bedeutung des Wortes auf.

BEISPIEL Gard ... → die Gardine (Vorhang)

Kab ______ Viol ______ Bedu ______ Masch ______ Margar ______

Vitr ______ Mandar ______ Turb ______ Law ______ Mandol ______

28 Ergänze die Wörter. Denke an die Bedeutung der Lückenwörter. Schreib die Wörter in dein Heft.

BEISPIEL Kunst ______ → das Kunstlied

Lid (Auge) – Lied (Gesang)

Augen ______ Volks ______ ______ schatten

______ gut ______ erbuch

wider (gegen) – wieder (erneut)

______ holung ______ stand ______ kehr

______ willig

Stil (Bauart) – Stiel (Hammer)

Besen ______ Bau ______ ______ blüte

Schaufel ______

Mine (Bleistift usw.) – Miene (Gesicht)

______ spiel Kugelschreiber ______ ______ suchgerät

Gold ______

29 Schreibe zu den folgenden Zeitwörtern das Präteritum in dein Heft.

BEISPIEL schreien → ich schrie

reiben, rufen, weisen, laufen, schlafen, treiben, halten, fallen, meiden, stoßen

C Das silbentrennende h

- Es gibt zwei Typen von „stummem h“:
  Das Dehnungs-h: *Ka**h**n*, *ka**h**l* …
  das silbentrennende h: *se**h**en*, *ru**h**en* …

- Das silbentrennende h hat die Aufgabe, in erster Linie die Silbengrenze anzuzeigen:

  stehen ohne h würde so aussehen: *steen*.

  Man könnte nun nicht erkennen, ob es ein einsilbiges Wort ist (*steen*) oder ein zweisilbiges (*ste – en*).

  Daher fügt man ein **h** ein und macht die Sache klar:
  stehen → zweisilbig: *ste –* ***h****en*.

silbentrennendes h

Regel 1: Das silbentrennende h wird geschrieben, wenn der Wortstamm auf einen betonten Selbstlaut endet:
Schu – e → Wortstamm endet auf u → *Schu –* ***he***.

Regel 2: Das silbentrennende h wird nur geschrieben, aber nicht gesprochen:
ge ´ en, Schu ´ e …

Regel 3: Das silbentrennende h bleibt in den verwandten Wörtern erhalten, auch wenn es nicht mehr zwischen Silben steht:
*se**h**en, er sie**h**t, Se**h**test, er sa**h*** …

Regel 4: Wie überall gibt es auch hier Ausnahmen:
lei – ***h****en*, aber *schrei – en*
ro – ***he***, aber *rau – e*
se – ***h****en*, aber *sä – en*

30 Schreibe die Wörter richtig in dein Heft. Trenne sie dann in Silben.

BEISPIEL dre ´ en → drehen dre – hen

ru ´ en	beja ´ en	glü ´ en	mä ´ en
zie ´ en	ge ´ en	krä ´ en	flie ´ en
nä ´ en	fle ´ en	wie ´ ern	dro ´ en
gedei ´ en	wei ´ en	we ´ en	blü ´ en
bemü ´ en	verzei ´ en		

31 Ergänze die Wörter und schreibe die Präteritum-Form daneben.

BEISPIEL mü – → mü – hen mühte

nä – → ______ ______

flie – → ______ ______

blü – → ______ ______

se – → ______ ______

dro – → ______ ______

verzei – → ______ ______

ru – → ______ ______

lei – → ______ ______

32 Ergänze die verwandten Wörter.

BEISPIEL nähen → Nähmaschine → genäht → die Naht

mähen →	______drescher	ge______t	die ______d
gehen →	______steig	ver______t	er ______t
ziehen →	______brunnen	es ______t	die ______ung
stehen →	______lampe	es ______t	______platz

X TEST 4 – Schreibung langer Selbstlaute

Testdauer: 15 min

In folgenden Sätzen wird der lange Selbstlaut nur mit einem einfachen a, e, i, o, u verschriftet. Korrigiere die Sätze. Gib dir für jede richtige Lösung ein ✓.

1. Di verlibten Pare tanzten im Ballsal zu leiser Klavirmusik.
2. Nimand konnte di Regeln zur Denung felerfrei widergeben.
3. Obwol er sich ser bemüte, fil der Test widerum negativ aus.
4. Ter ist ein Koleprodukt und ist vilseitig verwendbar.
5. Das Krä´en des Hanes get den Nachbarn zimlich auf di Nerven.
6. Merere Bewoner der Insel flo´en aufs offene Mer.
7. Di Teilnemer des Malkurses namen gemeinsam am Abendmal teil.
8. Gewönlich macht der Lerer eine fröliche Mine.
9. Das schwere Schinenfarzeug blib im tifen Schne stecken.
10. Vile spüren ein Tifdruckwetter in iren Glidmaßen.
11. Früaufste´er genißen di ru´igen Morgenstunden.
12. Ein Farbanteiler erhöt di Sicherheit im Straßenverker.
13. Warscheinlich fürt di Ausflugsfart an einen Gebirgsse.
14. Der Sper borte sich tif in di Zilscheibe.
15. Di Namen der Siger ste´en auf einer Erentafel.

Gesamtzahl der Fehlschreibungen: 68

Ich habe ______ Fehler korrigiert.

Ab 61 und mehr Richtigen kannst du zufrieden sein. Bei weniger als 61 solltest du dir die Seiten 40 bis 45 noch einmal anschauen!

X

KREUZE AN

1	2	3 *	
			1. Ich weiß, wie die langen Selbstlaute a, e, o, u verschriftet werden. (Wissen, Seite 40)
			2. Ich weiß, wann man kein Dehnungs-h schreiben darf. (Übung 24, Seite 41)
			3. Ich beachte, dass das Dehnungs-h in verwandten Wörtern erhalten bleibt. (Übung 25, Seite 41)
			4. Ich kann die wichtigsten Wörter mit Doppelvokalen schreiben. (Übung 26, Seite 41)
			5. Ich weiß, wie der lange i-Laut verschriftet wird. (Wissen, Seite 42)
			6. Ich kenne Wörter, bei denen der lange i-Laut nur mit einem einfachen i geschrieben wird. (Übung 27, Seite 43)
			7. Ich kann bei gleichklingenden Wörtern entscheiden, ob das Wort mit ie oder i geschrieben wird. (Übung 28, Seite 43)
			8. Ich kann Präteritumformen mit ie schreiben. (Übung 29, Seite 43)
			9. Ich kann zwischen einem Dehnungs-h und einem silbentrennenden h unterscheiden. (Wissen, Seite 44)
			10. Ich weiß, dass das silbentrennende h auch in verwandten Wörtern erhalten bleibt. (Übung 30 bis 32, Seite 45)

* Anmerkung
1 bedeutet: perfekt – alle Übungsaufgaben richtig
2 bedeutet: ausreichend – mehr als die Hälfte der Übungsaufgaben richtig
3 bedeutet: nicht ausreichend – weniger als die Hälfte der Aufgaben richtig

SCHREIBUNG VON MITLAUTEN

A Stimmhafte und stimmlose Mitlaute

- Mitlaute können **stimmhaft** oder **stimmlos** gesprochen werden. Bei stimmhaften Mitlauten schwingt das Stimmband mit:

  *Ru – **di*** → **d** ist stimmhaft
  *Ru – **te*** → **t** ist stimmlos.

  Vielerorts wird auch von einem **weichen d** und von einem **harten t** gesprochen.

- Schriftkundige behaupten gern, dass man den Unterschied hören kann. Dabei glauben sie den Unterschied zu hören, weil sie wissen, wie man das Wort schreibt. In Wahrheit sind ein stimmhafter und stimmloser Mitlaut nur **schwer hörbar**:

  Am **Wortanfang** bzw. am Anfang eines Wortstammes:
  – kaum hörbar bei b/p, d/t
  – hörbar bei g/k

  Im **Inneren** hörbar, wenn ein Selbstlaut folgt: *rau-**b**en – Rau-**p**e*

  Am **Wortende**: nicht hörbar

- Je nach Position des Mitlautes musst du **verschiedene Strategien** anwenden, um eine richtige Entscheidung zu treffen:

– Strategie des **Abhörens**:	Hier kannst du nur eine Entscheidung treffen, wenn nach dem Mitlaut ein Selbstlaut folgt: *rau**b**en – Rau**p**e, Rä**d**er – ra**t**en, La**g**e – La**k**en* Die Strategie ist auch wirksam, wenn nach dem g/k am Wortanfang ein Selbstlaut folgt: ***G**uss – **K**uss, **G**asse – **K**asse …*
– Strategie des **Verlängerns**:	Diese wendet man an, wenn der Mitlaut am Wortende steht: *Rau b/p* → *Räu**b**er, rau**b**en*: daher *Rau**b*** *Ty b/p* → *Ty**p**en, ty**p**isch*: daher *Ty**p***

33 Sprich die Wortpaare deutlich. Du kannst ruhig die Aussprache von b/p, d/t und g/k übertreiben. Setze dann die fehlenden Buchstaben ein.

BEISPIEL Rodel – Röteln

b/p	d/t	g/k
sau….er – su….er	Ru….e – Ru….er	Lü….e – Lu….e
Ta….ete – Ta….ak	Rö….ung – Ro….ung	hä….eln – ha….er
Ra….e – ra….ide	Mä….el – Me….er	bal….en – Bal….en
Rü….e – Hu….e	Li….er – Lie….er	ma….ellos – ma….er

34 Welcher Endbuchstabe ist richtig? Setze ein.

BEISPIEL bunt weil bunter daher auch Buntwäsche

kran….	weil	krän….en	daher auch	Kran….heit
kal….	weil	käl….er	daher auch	Kal….front
Wal….	weil	Wäl….er	daher auch	Wäl….chen
Die….	weil	Die….e	daher auch	Die….stahl
Jag….	weil	Jag….en	daher auch	Jag….schein
Fel….	weil	Fel….er	daher auch	Fel….rain
lan….	weil	län….er	daher auch	unlän….st
dringen….	weil	dringen….er	daher auch	dringen….st
er jag….	weil	er jag….e	daher auch	gejag….
Aben….	weil	Aben….e	daher auch	aben….lich

B Die Schreibung des Lautes [f]

- Der **Laut [f]** bereitet in der Rechtschreibung Probleme, weil er **verschieden verschriftet** wird.

der Laut [f]

Regel 1: Der Laut [f] wird im **Normalfall** als **< F/f >** geschrieben:
Familie, kaufen, scharf …

Regel 2: Die Schreibung des Lautes [f] mit einem **< V/v >** ist die **Ausnahme**.

Das V/v steht

a) am Anfang einiger deutscher Wörter: ***V**ogel, **v**ier, **V**eilchen …*

b) in den Vorsilben ver- und vor-: ***v**erlieren, **v**orsichtig …*

c) in vielen Fremdwörtern, wobei das V/v
als f gesprochen wird: *Skla**v**e, Pul**v**er …* oder
als w gesprochen wird: ***V**ioline, **V**ase …*

Regel 3: Die Schreibung des Lautes [f] mit **< ph >** ist eine weitere Ausnahme. Sie kommt in Fremdwörtern vor. Einige Wörter mit Ph/ph kann man nach der Rechtschreibreform auch mit f schreiben: *Del**ph**in/Del**f**in; **Ph**antasie/**F**antasie …*

Andere Wörter dagegen muss man auch heute noch mit Ph/ph schreiben: *Al**ph**abet, **Ph**ysik, **Ph**ase …*

- Für die Entscheidung, ob ein Wort mit **f** oder **v** verschriftet wird, kannst du folgende **Strategien** anwenden:

Strategie des **Einprägens**: Natürlich wirst du dir die Schreibung der Ausnahmen mit **v** merken. Du kannst diese Wörter auf eine Liste setzen und in deinem Zimmer aufhängen.

Strategie des **Durchgliederns**: Du musst in einem Wort erkennen, ob die Lautfolgen **[for]** und **[fer]** Vorsilben eines Wortes sind oder nicht:
***V**erkühlung* – Vorsilbe, daher mit V
***F**erkel* – keine Vorsilbe, daher mit F

35 Setze die Silben zu sinnvollen Wörtern zusammen. Schreibe die Wörter in zwei Gruppen in dein Heft: v als f gesprochen, v als w gesprochen.

BEISPIEL

v als f gesprochen	v als w gesprochen
vielleicht	Vampir

1. Silbe				
Veil-	Pul-	Kla-	Kur-	Ner-
Ku-	Vil-	Va-	Vier-	Vul-
Vo-	ner-	Vo-	Ven-	Skla-

2. Silbe				
-kan	-vier	-vert	-gel	-ven
-tel	-se	-chen	-vös	-ve
-ve	-til	-la	-ver	-kal

36 Entscheide bei folgenden Wörtern, ob es sich um die Vorsilben VER-/VOR- oder die Buchstabenfolge FER/FOR handelt. Unterstreiche die Vorsilben und setze dann F/f oder V/v ein.

BEISPIEL vormachen Form

……erkehr	……ortschritt	……ernichten	……ersenbein
……orsichtig	……orscher	……erteilen	……ertig
……ormittag	……ormel	……erkel	……oreilig
……orelle	……erirren	……erien	……ormat

37 Ordne die Wörter mit Ph/ph nach dem Alphabet und schreibe sie alphabetisch gereiht in dein Heft.

BEISPIEL Phantom – Pharao

Physik Phrase Phosphor Phase Philip Pharao Phantom Philosoph

C Die Schreibung der Lautverbindung [ks]

- Die Verschriftung der Lautverbindung **[ks]** ist eine große Herausforderung für schreibende Menschen. Insgesamt sind **fünf Schreibvarianten** möglich.

ks

Regel 1: Die Lautverbindung wird in den meisten Wörtern mit **< chs >** geschrieben:
*Da**chs**, La**chs**, Wa**chs*** …

Regel 2: Eine Ausnahme ist die Schreibung mit **< x >** dar: ***X**ylofon, Ta**x**i* …

Regel 3: Eine Ausnahme der Ausnahme ist die Schreibung mit **< ks >** in *Ke**ks***, **< cks >** in *Kle**cks***.

Regel 4: In *flu**gs*** wird die Lautverbindung mit einem **< gs >** geschrieben.

- Um eine richtige Entscheidung zu treffen, wendest du am besten die **Strategie des Einprägens** an. Gelegentliches schriftliches Wiederholen hilft dir dabei.

38 Ordne die Wörter mit *chs* nach dem Alphabet und schreibe sie in dein Heft.

BEISPIEL Achse – Achsel

sechs   Büchse   wachsen   Ochse   Lachs   Dachs   Wechsel   drechseln
Weichsel   Luchs   Flachs   Fuchs   Achse   wechseln   Achsel

39 In jeder Zeile stehen vier verwandte Wörter. Setze *chs* oder *x* ein.

BEISPIEL Taxi → Taxler → Taxifahrerin → Discotaxi

1. we……eln →	We……elgeld →	verwe……elt →	Verwe……lung
2. Te……t →	Te……tstelle →	gete……tet →	Te……tilfabrik
3. Bü……e →	Sparbü……e →	Bu……baum →	Bü……enmacher
4. Fu…… →	Fu……bau →	Fü……in →	Fu……schwanz
5. Lu……us →	lu……uriös →	Lu……usjacht →	Lu……ushotel
6. wa……en →	Wa……tum →	gewa……en →	Haarwu……
7. bo……en →	Bo……er →	gebo……t →	Bo……kampf
8. A……e →	dreia……ig →	A……bruch →	A……el

40 In jeder Zeile stehen vier verwandte Wörter. Ergänze *ks* oder *cks*.

BEISPIEL links → Linkshänder → linkshändig → Linksdrehung

1. Ko…… →	Ko……ofen →	verko……en →	Hüttenko……
2. Kle…… →	Tintenkle…… →	kle……en →	gekle……t
3. Ke…… →	Ke……dose →	Ke……erl →	Weihnachtske……

X TEST 5 – Mitlautschreibung

Testdauer: 15 min

In den folgenden Sätzen sind Verstöße gegen die Mitlautschreibung enthalten. Korrigiere die Sätze. Gib dir für jede richtige Lösung ein ✓.

1. Die tote Wiltente wurde vom Jagthunt im Tickicht aufgestöpert.
2. Ein Sonnenbrant verursacht einen brennenten Schmerz der Haut.
3. Eine kalte Tusche bei über dreißig Grat belept die Sinne.
4. Die Badekapinen wurden fon Fandalen follkommen beschätigt.
5. Aberkläubische Personen tragen einen Klückspringer bei sich.
6. Es bestant der tringente Fertacht, dass er die Bank ausgeraupt hatte.
7. Der nerwöse Ferteitiger ferursachte ein entscheidentes Eigentor.
8. Im ferwahrlosten Torf lepten nur mehr kreisenhafte Menschen.
9. Frisches Gepäck tuftet ferführerisch und macht Appetit.
10. Seit der Erfintung des Schießpulfers hat sich fieles veräntert.
11. Einen Tintenklex nennt man im Folksmunt auch Patzen.
12. Die Ferwexlung von Pilzen hat fielfach ferheerente Folgen.
13. Im Ausferkauf locken Firmen oft mit satten Rapatten.
14. Ein Kilo hat huntert Tekakramm oder tausent Kramm.
15. Piologie und Fysik zählen zu den Naturwissenschaften.

Gesamtzahl der Fehlschreibungen: 57

Ich habe ______ Fehler ausgebessert.

Ab 50 und mehr Richtigen kannst du zufrieden sein. Bei weniger als 50 solltest du dir die Seiten 48 bis 53 noch einmal anschauen!

X

KREUZE AN

1 2 3 *

1. Ich kann das b/p, d/t und g/k abhören, wenn diese Laute vor einem Selbstlaut stehen. (Übung 33, Seite 49)

2. Ich kann durch Verlängern das auslautende b/p, d/t und g/k hörbar machen. (Übung 34, Seite 49)

3. Ich kann bei Wörtern mit einem f-Laut richtige Entscheidungen treffen. (Übung 35 bis 37, Seite 51)

4. Ich kann bei Wörtern mit der Lautverbindung [ks] richtige Entscheidungen treffen. (Übung 38 bis 40, Seite 53)

* Anmerkung
1 bedeutet: perfekt – alle Übungsaufgaben richtig
2 bedeutet: ausreichend – mehr als die Hälfte der Übungsaufgaben richtig
3 bedeutet: nicht ausreichend – weniger als die Hälfte der Aufgaben richtig

SCHREIBUNG VON UMLAUTEN UND ZWIELAUTEN

A Die e- und ä-Schreibung

- Oft ist unklar, ob ein Wort mit e oder ä, mit eu oder äu zu schreiben ist. Erwachsene meinen, einen Unterschied zwischen e und ä zu hören. Für dich ist der Hinweis **„Hör doch genau hin!“** in vielen Fällen **nicht zielführend**.

Umlaute und Zwielaute

Regel 1: Die Schreibung mit **e** und **eu** ist der **Normalfall**. Es bedeutet, dass die meisten Wörter mit dem e-Laut bzw. eu-Laut normal mit **e** und **eu** geschrieben werden.

Regel 2: Das **ä** oder **äu** steht grundsätzlich nur dann, wenn es ein **verwandtes Wort** mit **a** oder **au** gibt.

Regel 3: Leider weisen einige Wörter ein **ä** oder **äu** auf, obwohl es im Deutschen dazu **keine verwandten Wörter** mit **a** oder **au** gibt. Manchmal ist auch die Verwandtschaft nicht erkennbar. Hier hilft mitunter der Dialekt: *Mädchen* von *Madl*, *Käse* von *Kas* …

- Für die richtigen Entscheidungen musst du **zwei Strategien** anwenden:
  1. Du überlegst, ob es ein **verwandtes Wort** mit **a** oder **au** gibt, zB *zus?tzlich*, du denkst an *Zusatz*, daher *zusätzlich*. Da und dort hilft ein Mundartausdruck, um eine Verwandtschaft zu erkennen.
  2. Du **prägst** dir die **Ausnahmewörter** mit **ä** oder **äu ein**,
     zB *ähnlich, Bär, bestätigen …;*
     erläutern, Säule, sich räuspern …

41 Ergänze die unvollständigen Wörter. Entscheide dabei, ob das fragliche Wort mit einem e oder ä geschrieben wird.

BEISPIEL ängstlich ← Angst
festlich ← Fest

h......sslich	←	H......ss	zuf......llig	←	Zuf......ll
h......rzlich	←	H......rz	m......chtig	←	M......cht
K......tzchen	←	K......tze	beschw......rlich	←	schw......r
Erk......ltung	←	k......lt	schl......frig	←	Schl......f

42 Ergänze die unvollständigen Wörter. Entscheide dabei, ob das fragliche Wort mit einem eu oder äu geschrieben wird.

BEISPIEL schnäuzen ← Schnauze
erfreulich ← freuen

gl......big	←	Gl......be	Geh......se	←	H......s
f......rig	←	F......er	Ger......sch	←	r......schen
Verk......fer	←	k......fen	ber......en	←	R......e
tr......men	←	Tr......m	gekr......zt	←	Kr......z

43 Ordne die Wörter alphabetisch und trage sie in dein Heft ein.

BEISPIEL ähnlich – Ähre – allmählich …

dämmern Käfer Krähe Mähne jäten gähnen ähnlich Käfig
Lärm Diät bestätigen Bär allmählich Kapitän Schädel Grätsche
Strähne fähig spähen Träne Märchen schräg Ähre

B Die ei- und ai-Schreibung

- Der **ei-Laut** wird in einem Wort als **ei** oder **ai** geschrieben.

ei und ai

Regel 1: Die Schreibung mit **ei** ist der **Normalfall**: *zw**ei**, dr**ei**, F**ei**le* ...

Regel 2: In einigen **wenigen Wörtern** wird **ai** geschrieben: *H**ai**, M**ai**, R**ai**n* ...

Regel 3: Es gibt einige **gleichklingende** Wörter, die wegen der unterschiedlichen Bedeutung **unterschiedlich geschrieben** werden:
*L**ei**b* (Körper) – *L**ai**b* (Brot)
*w**ei**se* (klug) – *W**ai**se* (Kind ohne Eltern)
*S**ei**te* (Buch) – *S**ai**te* (Violine)

- Aufgrund dieser Tatsachen musst du für deine Entscheidungen folgende **Strategien** heranziehen:
  1. Du musst dir die **Wörter mit ai einprägen**.
  2. Du musst bei den **gleichklingenden Wortpaaren** auf die **Wortbedeutung** achten, zB du willst W ***?*** *senhaus* schreiben.
     Hat das Wort etwas mit *weise* = klug oder mit *Waise* = elternloses Kind zu tun?
     Daher deine Entscheidung: W**ai**senhaus = Heim für elternlose Kinder.

44 Löse mit Hilfe folgender Silben das Rätsel.

KAI	HAI	SAI	SER	FUN	TAI	SE	WAI
LAIB	TE	SAI	~~LAI~~	MAIS	~~E~~	LAICH	

BEISPIEL Nichtfachmann: **LAIE**

1. Elternloses Kind: ....

2. Herrscher: ....

3. Brotform: ....

4. Fischeier: ....

5. Kukuruz: ....

6. Gitarren...: ....

7. Wirbelsturm: ....

8. Raubfisch: ....

45 Schreibe die Lösungswörter von Übung 44 alphabetisch gereiht auf.

BEISPIEL H**ai** – K**ai**ser

....

46 In jeder Zeile stehen vier verwandte Wörter. Setze ei oder ai ein. Denke an die Bedeutung der Wörter.

BEISPIEL S**ei**te → Hefts**ei**te → S**ei**tenhieb → s**ei**twärts

1. W.....se → W.....senkind → Halbw.....se → W.....senknabe

2. L.....b → L.....bwache → l.....bhaftig → L.....bwächter

3. S.....te → Gitarrens.....te → Darms.....te → S.....teninstrument

4. w.....se → W.....sheit → W.....ssager → W.....sheitszahn

5. S.....te → Buchs.....te → s.....tlich → s.....tenlang

6. L.....b → Brotl.....b → Käsel.....b → Fleischl.....bchen

X TEST 6 – e/ä, eu/äu, ei/ai

Testdauer: 15 min

In den folgenden Sätzen sind Verstöße gegen die e/ä-, eu/äu-, ei/ai-Schreibung enthalten. Korrigiere sie. Gib dir für jede richtige Lösung ein ✓.

1. Die Sonnenbreune verschwindet wehrend der Winterzeit.

2. Medchen spielen eher ein Seiteninstrument als Knaben.

3. In der Demmerung herrscht gehnende Leere auf den Pletzen.

4. Er blieb mit dem Sakkoermel am Stiegengelender hengen.

5. Der Teifun hinterließ große Scheden.

6. Ein Rasenmeher verursacht einen ohrenbeteubenden Lerm.

7. Der Leibwechter schützt den Presidenten vor Attentetern.

8. Die gressliche Wunde am Schedel war lebensgefehrlich.

9. In Weisenheusern leben hauptsechlich Vollweisen.

10. Fleischleibchen zehlen nicht als Dietspeise.

11. In welchem Merchen wurde Hensel in einen Kefig gesperrt?

12. Der gefreßige Wolf wollte Rotkeppchen verzehren.

13. Der Keiser trug eine Scherpe und einen Sebel.

14. Viele Lender Europas haben eine einheitliche Wehrung.

15. Der Verkeufer verergerte Kunden mit seinem Geschwetz.

Gesamtzahl der Fehlschreibungen: 41

Ich habe ______ Fehler entdeckt.

Ab 35 und mehr Richtigen kannst du zufrieden sein. Bei weniger als 35 solltest du dir die Seiten 56 bis 59 noch einmal anschauen!

X

KREUZE AN

1	2	3 *	
			1. Ich kann Wörter mit ä und äu von verwandten Wörtern mit a und au ableiten. (Übung 41 und 42, Seite 57)
			2. Ich kann Wörter mit ä schreiben, die kein verwandtes Wort mit a aufweisen. (Übung 43, Seite 57)
			3. Ich kann die wichtigsten Wörter mit ai schreiben. (Übung 44 und 45, Seite 59)
			4. Ich kann bei gleichklingenden Wörtern auf Grund der Bedeutung entscheiden, ob das Wort mit ei oder ai geschrieben wird. (Übung 46, Seite 59)

Ein Fehlertext zur Schreibung von Mitlauten, Umlauten und Zwielauten ist über den QR Code® oder Key abrufbar.

Key: 372

* Anmerkung
1 bedeutet: perfekt – alle Übungsaufgaben richtig
2 bedeutet: ausreichend – mehr als die Hälfte der Übungsaufgaben richtig
3 bedeutet: nicht ausreichend – weniger als die Hälfte der Aufgaben richtig

ZEITWORT (VERB)

A Was ein Zeitwort leistet und wie man ein Zeitwort erkennt

- Für diese Wortart gibt es verschiedene **Bezeichnungen**: Zeitwort; Verb/Verben; Tunwort oder Tätigkeitswort (bekannt aus der Grundschule).

- Die Zeitwörter lassen sich **unterteilen** in
  1. **Hauptzeitwörter** (Vollverben) – bezeichnen eine **Handlung** oder ein **Geschehen**: ***wandern*** (Handlung), ***schneien*** (Geschehen) …
  2. **Hilfszeitwörter** (Hilfsverben) – werden zur **Bildung von Zeitformen** gebraucht:
     *Ich **habe** gelesen. Ich **bin** gekommen. Ich **werde** bald abreisen.*
  3. **Modalverben** – **verändern die Aussage** des Vollverbs: *Ich **kann** Rad fahren. Ich **will** Rad fahren. Ich **darf** …*

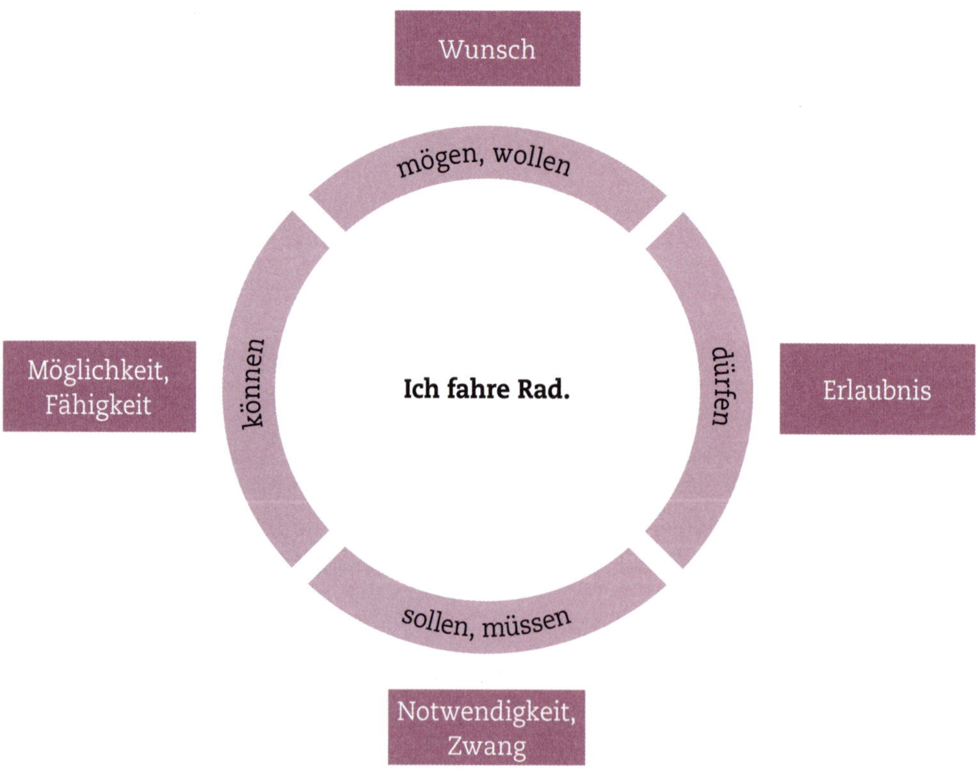

- Mit einer **Probe** kannst du ein Zeitwort bestimmen. Lässt sich das zu bestimmende Wort mit **ich**, **du**, **er** verbinden, handelt es sich um ein Zeitwort, zB: ***gehen*** → Probe: ***ich gehe***, ***du gehst***, ***er geht*** … ist möglich, daher ist *gehen* ein Zeitwort!

47 Wende die Probe (mit ich, du, er verbinden) an. Unterstreiche die Zeitwörter.

BEISPIEL LACHEN, WOLKE
Probe: ich lache, du lachst, er lacht möglich → Zeitwort
ich wolke, du wolkst, er wolkt nicht möglich → kein Zeitwort

LERNEN	DRACHEN	SÜDEN	SINGEN	LESEN	HOPFEN
HEBEN	SPIELEN	FOHLEN	FRIEDEN	MALEN	SPRINGEN
BRUNNEN	BRUMMEN	GARTEN	BACKEN	HÜPFEN	SCHLITTEN

48 Manchmal vertreten gleichlautende Wörter unterschiedliche Wortarten. Unterstreiche die Zeitwörter.

BEISPIEL den Lehrer GRÜSSEN
mit freundlichen GRÜSSEN

jemanden LIEBEN	auf bunten LIEGEN	im GRÜNEN Wald
mit LIEBEN Grüßen	im Gras LIEGEN	Bäume GRÜNEN
lästige FLIEGEN	das Mehl SIEBEN	zur Seite WEICHEN
nach Amerika FLIEGEN	mit SIEBEN Jahren	die WEICHEN Birnen

49 Übermale die Vollverben, die Hilfsverben und die Modalverben mit drei verschiedenen Farben.

BEISPIEL Er wird noch üben müssen.

1. So sehr er sich auch bemüht, er kann sich bei der Arbeit nicht konzentrieren.

2. Wenn es blitzt und donnert, soll man nicht im Freien verweilen.

3. Er hat gesehen, wie der Blitz in die hohe Fichte eingeschlagen hat.

4. Wenn du dich gründlich vorbereitest, wirst du die Prüfung schaffen können.

B Die Nennform und die Personalform des Zeitwortes

- Die **Nennform** (Infinitiv/infinite Form) ist jene Form des Zeitwortes, die du im Wörterbuch findest: *gehen, wandern, bügeln …*

- Die **Personalform** (finite Form) gibt die **Person** und die **Zahl** an. Je nach Person **ändert** sich die Endung des Zeitwortes.

	Einzahl = Singular	Mehrzahl = Plural
1. Person	ich geh**e**	wir geh**en**
2. Person	du geh**st**	ihr geh**t**
3. Person	er, sie, es geh**t**	sie geh**en**

- Die **Personalformen der Hilfszeitwörter** lauten:

	Einzahl = Singular	Mehrzahl = Plural
1. Person	ich **bin**	wir **sind**
2. Person	du **bist**	ihr **seid** (!)
3. Person	er, sie, es **ist**	sie **sind**
1. Person	ich **habe**	wir **haben**
2. Person	du **hast**	ihr **habt**
3. Person	er, sie, es **hat**	sie **haben**
1. Person	ich **werde**	wir **werden**
2. Person	du **wirst**	ihr **werdet**
3. Person	er, sie es **wird**	sie **werden**

- Die **Befehlsform** (der Imperativ) wird in der Regel ohne persönliches Fürwort (du/ihr) gebildet:

Spring(e) *nie in unbekannte Gewässer!* (Einzahl)

Springt *nie in unbekannte Gewässer!* (Mehrzahl)

50 Bilde zu folgenden Zeitwörtern die Nennform und die Befehlsformen in Einzahl und Mehrzahl.

BEISPIEL ich lerne → lernen lern(e)! lernt!

er liest → ....

du fährst → ....

ich lächle → ....

ihr klettert → ....

sie gibt → ....

51 Im folgenden Witz stehen die Zeitwörter in der Nennform. Schreibe den Witz mit den richtigen Personalformen in dein Heft.

BEISPIEL Der Lehrer (sagen) zu Felix → Der Lehrer sagt zu Felix: …

„Du (sein) immer so langsam. Du (gehen) langsam, du (sprechen) langsam.

(Geben) es auch etwas, bei dem du schnell (sein)?"

Felix (denken) nach und (antworten): „Ja, ich (werden) schnell müde."

52 Ergänze die Endungen und bestimme Person und Zahl des Zeitwortes.

BEISPIEL Er jodelt in der Badewanne. → 3. Person EZ

	Person	Zahl
1. Komm...... ihr morgen zu uns?	....	....
2. Die beiden geh...... ins Kino.	....	....
3. Komm...... du mit?	....	....
4. Am liebsten spiel...... ich mit Freunden.	....	....
5. Wir bestimm...... die Personalformen.	....	....
6. Eis schmilz...... bei mehr als 0 Grad.	....	....

C Zeitstufen und Zeitformen

▸ Es gibt **drei** Zeitstufen:

VERGANGENES	Eine Handlung/ein Geschehen **hat** sich bereits **ereignet**.
↑	
GEGENWÄRTIGES	Eine Handlung/ein Geschehen **ereignet** sich jetzt.
↓	
ZUKÜNFTIGES	Eine Handlung/ein Geschehen **wird** sich erst **ereignen**.

▸ Diese drei Zeitstufen können durch **sechs Zeitformen** ausgedrückt werden:

VERGANGENES	VORVERGANGENHEIT = Plusquamperfekt	Die Handlung **hatte** sich **ereignet**.
	VERGANGENHEIT = Perfekt	Die Handlung **hat** sich **ereignet**.
	MITVERGANGENHEIT = Präteritum	Die Handlung **ereignete** sich.
GEGENWÄRTIGES	GEGENWART = Präsens	Die Handlung **ereignet** sich.
ZUKÜNFTIGES	ZUKUNFT = Futur I	Die Handlung **wird** sich **ereignen**.
	VORZUKUNFT = Futur II	Die Handlung **wird** sich **ereignet haben**.

▸ Die **Mitvergangenheit** (das Präteritum) wird gebildet:

a) bei den meisten Verben mit einem **-t-**:
ich lerne → ich lernte; ich suche → ich suchte …
Solche Zeitwörter nennt man **schwache** oder **regelmäßige** Verben.

b) Bei einem Teil der Verben **verändert** man den **Stammvokal**:
ich singe → ich sang …
Solche Zeitwörter nennt man **starke** oder **unregelmäßige** Verben.

53 Unterstreiche die Verben und bestimme die Zeitform.

BEISPIEL Während der Wanderung hatte es stark geregnet. Vorvergangenheit

1. Felix hat gestern in der Schule gefehlt. ....

2. Er wird doch nicht verschlafen haben? ....

3. Der Wecker läutet immer um sechs Uhr. ....

4. Weil Felix den Alarm nicht eingestellt hatte ... .

5. Der Wecker rasselte nicht. ....

6. Felix wird sich bei seiner Lehrerin entschuldigen. ....

54 Bilde folgende Zeitformen und schreibe sie in dein Heft.

BEISPIEL

Nennform	G	MV	V	VV	Z
lernen	ich lerne	ich lernte	ich habe gelernt	ich hatte gelernt	ich werde lernen

1. grüßen **2.** hoffen **3.** fragen **4.** reden

55 Bilde die Mitvergangenheit folgender Zeitwörter.

BEISPIEL sie singen → sie sangen

ich schreibe →	....	er trinkt →	....
er fliegt →	....	wir schneiden →	....
wir bleiben →	....	ich lüge →	....
sie gehen →	....	es kommt →	....
er schläft →	....	sie scheint →	....

X TEST 7 – Zeitwörter

Testdauer: 15 min

Bestimme von folgenden Zeitwörtern Person, Zahl und Zeitform. Verwende folgende Abkürzungen für die Zeitformen: G = Gegenwart, MV = Mitvergangenheit, V = Vergangenheit, VV = Vorvergangenheit, Z = Zukunft. Gib dir für jede richtige Lösung ein ✓.

		Person	Zahl	Zeitform
Beispiel	er lief	3. Person	Einzahl	MV
	1. ihr seid gegangen			
	2. du wirst sehen			
	3. wir haben gelacht			
	4. ich hatte geträumt			
	5. sie schreiben			
	6. sie ist gestanden			
	7. wir schliefen			
	8. er war gelaufen			
	9. es regnete			
	10. ich werde kommen			
	11. ihr lest			
	12. du hast gegessen			
	13. sie sprach			
	14. er ist geflogen			
	15. wir hatten gelesen			

Gesamtzahl der Entscheidungen: 45

Die Anzahl meiner richtigen Entscheidungen beträgt: ______.

Ab 40 und mehr Richtigen kannst du zufrieden sein. Bei weniger als 40 solltest du dir die Seiten 62 bis 67 noch einmal anschauen!

X

KREUZE AN

1	2	3 *	
			1. Ich kann mit Hilfe einer Probe ein Zeitwort erkennen. (Übung 47 und 48, Seite 63)
			2. Ich kann Vollverben, Hilfsverben und Modalverben unterscheiden. (Übung 49, Seite 63)
			3. Ich kann folgende Formen bilden: Nennform, Personalform, Befehlsform. (Übung 50 und 51, Seite 65)
			4. Ich kann die Person und Zahl von einem Zeitwort bestimmen. (Übung 52, Seite 65)
			5. Ich kann die Zeitformen bestimmen und richtig benennen. (Übung 53, Seite 67)
			6. Ich kann von einem Zeitwort Zeitformen bilden. (Übung 54, Seite 67)
			7. Ich kann die Präteritumformen von starken Zeitwörtern bilden. (Übung 55, Seite 67)

* Anmerkung
1 bedeutet: perfekt – alle Übungsaufgaben richtig
2 bedeutet: ausreichend – mehr als die Hälfte der Übungsaufgaben richtig
3 bedeutet: nicht ausreichend – weniger als die Hälfte der Aufgaben richtig

NAMENWORT (NOMEN, SUBSTANTIV)

A Was Namenwörter leisten

- Im 1. Kapitel „Groß- und Kleinschreibung“ hast du in den Unterkapiteln A und B bereits etwas über das Namenwort erfahren. Du weißt,

  – **wie** man **Namenwörter erkennt**,

  – dass man Namenwörter mit einem **großen Anfangsbuchstaben** schreibt.

- Das Namenwort hat **verschiedene Bezeichnungen**: Hauptwort, Nomen, Substantiv.

- Mit einem Namenwort kannst du Personen, Lebewesen, Gegenstände, Einrichtungen, Gefühle, Verhältnisse usw. bezeichnen. Dabei unterscheidet man:

  a) **konkrete** Bezeichnungen = Gegenstandsnamen = Konkreta
  Konkreta bezeichnen körperlich oder gegenständlich Vorhandenes:
  Katze, ***Hund***, ***Mann***, ***Kind***; ***Tisch***, ***Stein***, ***Computer*** …

  b) **abstrakte** Bezeichnungen = Begriffsnamen = Abstrakta
  Abstrakta bezeichnen Erlebtes, Gefühltes oder Gedachtes:
  Treue, ***Not***, ***Langeweile***; ***Wärme***, ***Kälte***, ***Trauer***; ***Glaube*** …

- Zu den Namenwörtern zählen auch die **Eigennamen**: ***Ferdinand Maier***, ***Österreich***, ***Großglockner***, ***Donau*** …
  Im Englischen musst du zwischen Namenwörtern und Eigennamen unterscheiden, weil nur Eigennamen großgeschrieben werden. Daher brauchst du ein Gefühl dafür, bei welchem Wort es sich um einen Eigennamen handelt.

56 Unterstreiche die Namenwörter und schreibe sie mit dem Begleiter = Artikel in dein Heft.

BEISPIEL WASSER BLIND DREI SCHULE ANGST ARTIG

RUND	LUST	LUSTIG	MEHL	UND	GOLD
STADT	HEITER	GLÜCK	EISEN	MUT	KALT
KLEIN	PLASTIK	VOLL	ALTER	WANN	FRIEDE
OBST	HART	TIGER	KLEID	BRILLE	STILL
LAUNE	SEIFE	WEICH	WENN	WOLLE	SALZIG

57 Unterstreiche die Namenwörter. Schreibe sie dann in einer Tabelle mit dem Artikel in dein Heft.

BEISPIEL

Konkreta	Abstrakta
das Geld	die Freude

WAS BRAUCHT DER MENSCH ZUM GLÜCK?

FERNWEH, MEER UND PALMENSTRAND,

SONNE, HITZE, FEINEN SAND.

DAS WASSER GENIESSEN MIT VOLLER LUST,

SCHLUSS IST DA MIT ALLTAGSFRUST.

58 Unterstreiche in den Sätzen die Eigennamen.

BEISPIEL Frau Sturm berichtet über einen verheerenden Sturm.

1. Der Millstätter See ist der tiefste See Kärntens.

2. In Österreich leben viele Menschen mit den Familiennamen Müller und Maier.

3. Am Freitag beginnt für viele Beschäftigte das Wochenende.

4. In den Monaten Juni, Juli und August ist bei uns Sommer.

B Das grammatische Geschlecht des Namenwortes

- Beim Namenwort gibt es **drei grammatische Geschlechter**, die du am Begleiter = Artikel erkennst:

  – Männliches Geschlecht = Maskulinum: → ***der*** *Herbst*

  – Weibliches Geschlecht = Femininum: → ***die*** *Schule*

  – Sächliches Geschlecht = Neutrum: → ***das*** *Buch*

- Das **grammatische** Geschlecht stimmt nur zum Teil bei Lebewesen mit dem **natürlichen** Geschlecht überein:

  der *Kater*: grammatisches und natürliches Geschlecht ist männlich

  die *Katze*: grammatisches und natürliches Geschlecht ist weiblich

  aber

  das *Mädchen*: grammatisches Geschlecht ist sächlich, natürliches Geschlecht ist weiblich

- Wenn deine **Muttersprache Deutsch** ist, macht dir das Zuordnen des richtigen Artikels und somit die Bestimmung des grammatischen Geschlechtes bis auf einige Namenwörter geringe Probleme, zB *die Butter* statt *der Butter* (mundartlich); *die Zwiebel* statt *der Zwiebel* (mundartlich) …

- Wenn deine **Muttersprache** aber **nicht Deutsch** ist, ist die Artikelzuordnung und somit die Bestimmung des Geschlechtes eine große Herausforderung. An der Wortform kannst du das Geschlecht nicht erkennen. Eine Ausnahme sind Wörter mit einer **Nachsilbe**:

  weiblich: **-in**, **-ei**, **-ung**, **-heit**, **-keit**, **-schaft** …

  männlich: **-er**, **-ling**, **-ant**, **-ent** …

  sächlich: **-lein**, **-chen** …

  Am besten ist das Nachschlagen im Wörterbuch. Dort findest du den richtigen Artikel.

- Manche Namenwörter haben je nach Bedeutung zwei oder gar drei unterschiedliche Geschlechter, zB:
  der Band (Buch)
  die Band (Gruppe von Musikern)
  das Band (Streifen aus Stoff)

59 Lege in deinem Heft eine Tabelle mit den drei Geschlechtern an. Trage die Namenwörter mit dem Artikel ein.

BEISPIEL

m. G.	w. G.	s. G.
der Zorn	die Freude	das Glück

Pilz	Bürste	Brot	Brett	Pumpe	Musik
Spiegel	Märchen	Sommer	Nuss	Brille	Zucker
Mehl	Maus	Ball	Karte	Sack	Spiel

60 Ergänze den Artikel und schreibe das Geschlecht dazu: m. G., w. G., s. G.

BEISPIEL das Sofa → s. G.

.... Teer	→	....	.... Gramm	→	....
.... Meter	→	....	.... Zwiebel	→	....
.... Radio	→	....	.... Teller	→	....
.... Kartoffel	→	....	.... Monat	→	....
.... Liter	→	....	.... Butter	→	....

61 Überlege die Bedeutung des Wortes und ergänze den Artikel.

BEISPIEL die Hochsee – der Bergsee

.... Stehleiter – .... Heimleiter

.... Filzstift – .... Benediktinerstift

.... Geschäftsschild – .... Rundschild

.... Buchband – .... Haarband

.... Schwarzkiefer – .... Unterkiefer

C Die Einzahl und die Mehrzahl des Namenwortes

- Ein Namenwort tritt immer in einer **bestimmten Zahl** = Numerus auf.
  Im Deutschen gibt es die **Einzahl** = Singular und die **Mehrzahl** = Plural.

- Die Mehrzahl wird auf **verschiedene Arten** gebildet und markiert:

  – nur durch einen anderen Artikel: ***der*** *Maler* – ***die*** *Maler*

  – durch angehängtes -e: *der Hund – die Hund**e***

  – durch angehängtes -n: *die Blume – die Blume**n***

  – durch angehängtes -en: *der Mensch – die Mensch**en***

  – durch angehängtes -s: *das Foto – die Foto**s***

  – durch Umlaut: *der Vater – die V**ä**ter*

  – durch angehängtes -e und Umlaut: *die Bank – die B**ä**nk**e***

  – durch angehängtes -er und Umlaut: *der Mann – die M**ä**nn**er***

- Ein Sonderfall ist die Mehrzahlbildung von Namenwörtern mit den Endungen **-el** und **-er**.

  Nur die weiblichen Namenwörter hängen ein -n an, da man auf Grund des gleichen Artikels „die" die Einzahl und Mehrzahl nicht erkennen könnte:
  *die Gabel – die Gabel**n**, die Klammer – die Klammer**n***

  Männliche und sächliche Namenwörter auf -el und -er hängen kein -n an. Bei diesen wird die Mehrzahl nur durch den anderen Artikel angezeigt:
  der *Löffel* – ***die*** *Löffel;* ***das*** *Messer* – ***die*** *Messer*

  Ausnahmen: *die Muskel**n**, die Stachel**n**, die Pantoffel**n***

- Die Mehrzahlform der Namenwörter findest du im Österreichischen Wörterbuch.

- Es gibt Namenwörter, die vorwiegend in der Einzahl vorkommen:
  das Obst, das Laub …

  Es gibt Namenwörter, die vorwiegend in der Mehrzahl vorkommen:
  die Eltern, die Ferien …

62 Bilde die Mehrzahl. Kennzeichne die Mehrzahlbildung mit Farbe.

BEISPIEL der Schal → die Schals

der Bär	→	der Hut	→ ....
das Radio	→	das Mädchen	→ ....
das Fass	→	das Auto	→ ....
der Vogel	→	das Tier	→ ....
der Strauch	→	das Rind	→ ....
die Zange	→	das Kalb	→ ....

63 Bilde die Mehrzahl folgender Namenwörter auf -el und -er. Kennzeichne die Mehrzahlbildung mit Farbe.

BEISPIEL der Sessel → die Sessel

die Schüssel	→	der Schlüssel	→ ....
der Finger	→	die Schachtel	→ ....
die Semmel	→	die Kammer	→ ....
das Kabel	→	der Hobel	→ ....
das Zimmer	→	der Käfer	→ ....
die Kugel	→	der Kegel	→ ....

64 Unterstreiche die Namenwörter, die vorwiegend in der Einzahl vorkommen.

BEISPIEL Apfel – Kälte – Buch – Baum – Käse – Paar

Tisch – Sport – Heft – Gemüse – Schmutz – Stuhl – Wärme – Musik – Bett – Hut

Zucker – Wald – Staub – Fuß – Gold – Rad – Klima – Kamm – Afrika – Einzahl

D Die Fälle des Namenwortes

- Im Deutschen gibt es in der Einzahl und in der Mehrzahl jeweils **vier Fälle**. Ein Namenwort übernimmt in einem Satz eine **bestimmte Rolle**. Von dieser Rolle **hängt es ab**, in welchem **Fall** das Namenwort steht:

  Der Lehrer lobt die Kinder. **Wer** lobt? → 1. Fall, Werfall, Nominativ

  Das Lob des Lehrers tut gut. **Wessen** Lob? → 2. Fall, Wesfall, Genitiv

  Die Kinder helfen dem Lehrer. **Wem** helfen sie? → 3. Fall, Wemfall, Dativ

  Die Kinder verehren den Lehrer. **Wen** verehren sie? → 4. Fall, Wenfall, Akkusativ

- Die folgende Tabelle zeigt die **Veränderungen** der Namenwörter in den vier Fällen der Einzahl und Mehrzahl. Die Veränderungen nennt man **Deklination**:

	männlich	weiblich	sächlich
1. Fall	der Mann	die Frau	das Kind
2. Fall	des Mann**es**	der Frau	des Kind**es**
3. Fall	dem Mann	der Frau	dem Kind
4. Fall	den Mann	die Frau	das Kind
1. Fall	die Männer	die Frauen	die Kinder
2. Fall	der Männer	der Frauen	der Kinder
3. Fall	den Männer**n**	der Frauen	den Kinder**n**
4. Fall	die Männer	die Frauen	die Kinder

- Viele **männliche** und **sächliche** Namenwörter hängen im 2. Fall Einzahl ein -s oder -es = **Genitiv-s** an. Weil es auch andere Genitiv-Endungen (*der Mensch, des Menschen; der Bauer, des Bauern*) gibt, ist der 2. Fall im Österreichischen Wörterbuch angegeben.

- Namenwörter, die im 1. Fall Mehrzahl auf -e, -el, -er enden, hängen im 3. Fall der Mehrzahl ein -n an:
  *die Berge, in den Berge**n**; die Nägel, mit den Nägel**n**; die Keller, in den Keller**n***
  Diese Endung wird **Dativ-n** genannt.

65 Bestimme den Fall der unterstrichenen Namenwörter.

BEISPIEL Der Duft der Erdbeeren ist verlockend. → 2. Fall, MZ

1. Der Autolärm stört besonders in der Nacht. → ____________
2. Der Bauer gibt den Kälbern frisches Futter. → ____________
3. Der Arzt untersucht die Patienten. → ____________
4. Er verschreibt den Patienten Pillen. → ____________
5. Gute Sonnenbrillen schützen unsere Augen. → ____________
6. Die Produktion der Elektroautos nimmt zu. → ____________

66 Bilde den 2. Fall folgender Namenwörter. Verwende bei Unsicherheiten das Wörterbuch. Übermale die Genitiv-Endung.

BEISPIEL der Ball → des Ball(e)s

der Wald → ____________

das Herz → ____________

der Name → ____________

das Rad → ____________

die Wurst → ____________

die Schule → ____________

der Schmerz → ____________

der Hase → ____________

der Fuß → ____________

das Ende → ____________

67 Setze die Dativ-Formen in die Mehrzahl. Schreibe sie in dein Heft. Übermale das Dativ-n.

BEISPIEL mit dem Rad → mit den Rädern

mit dem Freund	mit dem Auto	mit der Füllfeder	mit der Schere
mit dem Computer	mit dem Buch	mit dem Kind	mit der Lehrerin

X TEST 8 – Namenwörter

Testdauer: 15 min

Bestimme das Geschlecht, die Zahl und den Fall der unterstrichenen Namenwörter. Verwende folgende Abkürzungen: m., w., s.; EZ, MZ; 1. F., 2. F. 3. F., 4. F.

		Geschlecht	Zahl	Fall
Beispiel	Im Herbst kommen Wanderfreunde voll auf ihre Rechnung.	**m.**	**MZ**	**1. F.**
	1. Im Zuge der Grabungen entdeckte man Steinwerkzeuge.			
	2. Im Museum sind zahlreiche Fundstücke ausgestellt.			
	3. Das siegreiche Team genießt den Erfolg.			
	4. Das Publikum applaudierte der erfolgreichen Mannschaft.			
	5. Mit den Leistungen des Schiedsrichters war man zufrieden.			
	6. Er hat für Tiere ein großes Herz.			
	7. Manche Eltern verwöhnen ihre Kinder.			
	8. Manche misstrauen fremden Menschen.			
	9. Früher bestimmte man die Tageszeit nach dem Sonnenstand.			
	10. Das Mittelalter hatte viele Gesichter.			
	11. Dem Gewinner winkt ein wertvoller Preis.			
	12. Sie begleitete ihren Chef ins Ausland.			
	13. Die Qualität der Waren bestimmt den Preis.			
	14. Naturkatastrophen fordern oft viele Menschenleben.			
	15. Das Bestimmen der Fälle ist für mich ein Kinderspiel.			

Gesamtzahl der Lösungen: 45

Die Anzahl meiner richtigen Lösungen beträgt: ____ .

Ab 40 und mehr Richtigen kannst du zufrieden sein. Bei weniger als 40 solltest du dir die Seiten 70 bis 77 noch einmal anschauen!

X

KREUZE AN

1	2	3 *	
			1. Ich kann Namenwörter erkennen und zwischen konkreten und abstrakten unterscheiden. (Übung 56 und 57, Seite 71)
			2. Ich kann Eigennamen erkennen. (Übung 58, Seite 71)
			3. Ich kann Namenwörtern den richtigen Artikel zuordnen und somit das grammatische Geschlecht bestimmen. (Übung 59 bis 61, Seite 73)
			4. Ich kann die Mehrzahl von Namenwörtern richtig bilden. (Übung 62 und 63, Seite 75)
			5. Ich erkenne Namenwörter, die nur in der Einzahl vorkommen. (Übung 64, Seite 75)
			6. Ich kann die Fälle des Namenwortes in der EZ und MZ bestimmen. (Übung 65, Seite 77)
			7. Ich kann den Genitiv in der EZ richtig bilden. (Übung 66, Seite 77)
			8. Ich kann den Dativ in der MZ richtig bilden. (Übung 67, Seite 77)

* Anmerkung
1 bedeutet: perfekt – alle Übungsaufgaben richtig
2 bedeutet: ausreichend – mehr als die Hälfte der Übungsaufgaben richtig
3 bedeutet: nicht ausreichend – weniger als die Hälfte der Aufgaben richtig

EIGENSCHAFTSWORT (ADJEKTIV)

A Formen und Gebrauch des Eigenschaftswortes

- Das Eigenschaftswort bezeichnet die **Eigenschaft** von Personen, Dingen, Zuständen und Handlungen: *ein **nettes** Kind, ein **harter** Stein, **schreckliche** Angst, eine **langweilige** Wanderung.*

- Das Eigenschaftswort tritt in **zwei Formen** auf:
  - als eigenständiges Wort: *schön, müde, jung …*
  - als abgeleitetes Wort: *stürmisch, geizig, herzlos, ängstlich, wunderbar …*

- Folgende **Proben** helfen dir, das Eigenschaftswort zu bestimmen:
  - **Inhaltsprobe**: Sagt das Wort aus, **wie** jemand/etwas ist?
fröhlich**, **frisch
  - **Satzprobe**: Kann das Wort **zwischen Artikel und Namenwort** stehen?
*der **fröhliche** Mensch, das **frische** Obst*
  - **Formprobe**: Kann man das Wort **steigern**?
fröhlicher**, **am fröhlichsten**, **frischer**, **am frischesten

- Das Eigenschaftswort kann verschieden gebraucht werden:
  - beifügend: *ein **netter** Junge*
  - aussagend: *Der Junge ist* **nett**.
  - umstandswörtlich: *Der Junge spricht* **nett**.

- Das beifügende Eigenschaftswort verändert sich je nach Geschlecht, Zahl und Fall des betreffenden Namenwortes.

der süß**e** Apfel	die süß**e** Birne	das süß**e** Kompott
ein süß**er** Apfel	eine süß**e** Birne	ein süß**es** Kompott
die süß**en** Äpfel	die süß**en** Birnen	die süß**en** Kompotte

68 Unterstreiche in den Inseraten die Eigenschaftswörter.

BEISPIEL Wohnhaus
Älteres Wohnhaus in zentraler Lage; herrlicher Blick über die …

Traumobjekt
Großzügige Villa mitten in einer traumhaften Parklandschaft; geplant von dem berühmten Architekten S. Holl; weitläufiger Wohnsalon mit offenem Kamin und direktem Zugang zu einer sonnigen Terrasse; zahlreiche Räume zur vielfältigen Verwendung

Luxuriöse Wohnungen
als Eigentum zu erwerben; moderate Anzahlung und langfristige Rückzahlraten; gemeinsame Grünfläche mit einem biologischen Schwimmteich; zwei großzügige Autoabstellplätze pro Wohneinheit

69 Ergänze die Endungen der Eigenschaftswörter.

BEISPIEL Neue Besen kehren gut.

Hallo, lieb___ Downhill-Racer!

Gleich fällt der Startschuss zum groß___ Preis von Berghausen. Am Start ist auch der stark___ Biker Hugo Pech. Er ist heute haushoh___ Favorit. Nach einem schnell___ Start mit seinem brandneu___ Bike holt sich Hugo einen riesengroß___ Vorsprung heraus. Ein klar___ Sieg scheint sich anzubahnen. Da! Was ist los? In einer steil___ Kurve stürzt Hugo. Er hat einen sicher___ Sieg verschenkt. Der unverletzt___ Hugo steht mit einer todernst___ Miene auf. Sein neu___ Rad hat einen Totalschaden.

70 Setze das Namenwort in die vier Fälle. Schreibe die Fälle in dein Heft. Übermale die Endungen der Eigenschaftswörter mit Farbe.

BEISPIEL der lange Schal, des langen Schals, dem langen Schal, den langen Schal

der lange Mantel   die lange Hose   das lange Kleid

B Die Vergleichsformen des Eigenschaftswortes

- Viele Eigenschaftswörter können **Vergleichsformen** bilden:

Grundstufe = Positiv	Mehrstufe = Komparativ	Meiststufe = Superlativ
schnell	schnell**er**	am schnell**st**en
frisch	frisch**er**	am frisch**est**en
alt	**ält**er	am **ält**est**en**

- Einige Eigenschaftswörter bilden **unregelmäßige** Vergleichsformen:

gut	besser	am besten
viel	mehr	am meisten
hoch	höher	am höchsten
nah	näher	am nächsten

- Mit den Vergleichsformen kann man die **Gleichheit** oder **Verschiedenheit** zum Ausdruck bringen:

*Felix ist **so stark wie** Xaver.*	Gleichheit: so + Grundstufe + wie
*Xaver ist **stärker als** Max.*	Ungleichheit: Mehrstufe + als
*Daniel ist **am stärksten** von allen.*	Ungleichheit: am + Meiststufe

- Die **Meiststufe** wird verwendet, wenn …
  - **beim Vergleich** von mehreren das **Höchstmaß** ausgedrückt werden soll:
    *Sie war die **beste** Spielerin des Turniers.*
  - **ohne Vergleich** ein sehr **hoher Grad** ausgedrückt werden soll:
    *Die Fabrik verfügt über **modernste** Maschinen.*

71 Bilde die Mehr- und die Meiststufe.

BEISPIEL mager magerer am magersten

Grundstufe	Mehrstufe	Meiststufe
1. bunt	....	....
2. dick	....	....
3. trocken	....	....
4. schwach	....	....
5. grob	....	....
6. dumm	....	....
7. hoch	....	....
8. süß	....	....

72 Setze **wie** oder **als** ein.

BEISPIEL Der Fuchs ist schlauer **als** andere Tiere.

1. Meine Eltern sind so alt .... deine.

2. Komm bitte so schnell .... möglich!

3. Er spielt besser .... alle anderen.

4. Er ist schnell .... der Blitz.

5. Max ist klüger .... Xaver.

6. Niemand ist so schlau .... Andi.

7. Er verdient weniger .... sie.

8. Lisa springt höher .... Ulli.

73 Bilde die Meiststufe. Schreibe die Wortgruppen in dein Heft.

BEISPIEL mit (gut) Grüßen → mit **besten** Grüßen

nicht den (gering) Zweifel	mit (groß) Vorsicht	bei (gut) Gesundheit
mit (herzlich) Grüßen	in (schön) Lage	in (hoch) Gefahr
der (neu) Computer	die (nah) Verwandten	das (schnell) Auto

X TEST 9 – Eigenschaftswörter

Testdauer: 15 min

Unterstreiche in jedem Satz das Eigenschaftswort. Bestimme den Gebrauch (beifügend, aussagend, umstandswörtlich) und die Vergleichsform (Grundstufe, Mehrstufe, Meiststufe). Gib dir für jede richtige Lösung ein ✓.

		Gebrauch	Vergleichsform
	Eine ältere Dame tritt ein.	**beifügend**	**Mehrstufe**
	1. Er lief am schnellsten von allen.		
	2. Das beste Team soll gewinnen.		
	3. Er zahlte eine größere Summe.		
	4. Frisches Obst enthält Vitamine.		
	5. Er ist fleißig wie nie zuvor.		
	6. Florian sprang höher als Fred.		
	7. Er wählte die sicherste Route.		
	8. Er grüßte alle herzlichst.		
	9. Er handelte mit höchster Vorsicht.		
	10. Ein leerer Bauch steht nicht.		
	11. Mit vollem Mund redet man nicht.		
	12. Tobias war am schnellsten.		
	13. Kalbfleisch ist teurer als Rindfleisch.		
	14. Buchsbaum wächst langsam.		
	15. Das Wetter wird wieder schöner.		

Gesamtzahl der Entscheidungen: 45

Anzahl meiner richtigen Entscheidungen: ______ .

Ab 40 und mehr Richtigen kannst du zufrieden sein. Bei weniger als 40 solltest du dir die Seiten 80 bis 83 noch einmal anschauen!

X

KREUZE AN

1	2	3 *	
			1. Ich kann Eigenschaftswörter in einem Text erkennen. (Übung 68, Seite 81)
			2. Ich weiß, wie ein Eigenschaftswort gebraucht werden kann: beifügend, aussagend, umstandswörtlich und kann je ein Beispiel nennen. (Wissen, Seite 80)
			3. Ich kann beim beifügenden Eigenschaftswort die richtigen Endungen bilden. (Übung 69, Seite 81)
			4. Ich kann ein Namenwort mit einem beifügenden Eigenschaftswort in die vier Fälle setzen. (Übung 70, Seite 81)
			5. Ich kann die Vergleichsformen richtig bilden. (Übung 71, Seite 83)
			6. Ich kann bei Vergleichen „wie“ und „als“ richtig gebrauchen. (Übung 72, Seite 83)
			7. Ich kann die Meiststufe richtig bilden. (Übung 73, Seite 83)

* Anmerkung
1 bedeutet: perfekt – alle Übungsaufgaben richtig
2 bedeutet: ausreichend – mehr als die Hälfte der Übungsaufgaben richtig
3 bedeutet: nicht ausreichend – weniger als die Hälfte der Aufgaben richtig

FÜRWORT (PRONOMEN)

A Das persönliche Fürwort (Personalpronomen)

- Fürwörter stehen **für** andere Wörter. Das persönliche Fürwort steht für eine Person, für Lebewesen, Gegenstände, Zustände ...:
  Klaus = *er*, Heidi = *sie*, das Kind = *es*, die Katze = *sie*, das Auto = *es*, die Freude = *sie* ...
- Die drei Personen des persönlichen Fürwortes hast du schon im Zusammenhang mit dem Zeitwort kennengelernt → 7. Kapitel, Unterkapitel B.

- Das persönliche Fürwort kann (wie ein Namenwort) in allen **vier Fällen** stehen:

		1. Person	2. Person	3. Person		
EZ	1. Fall	ich	du	er	sie	es
	2. Fall	meiner	deiner	seiner	ihrer	seiner
	3. Fall	mir	dir	ihm	ihr	ihm
	4. Fall	mich	dich	ihn	sie	es
MZ	1. Fall	wir	ihr	sie		
	2. Fall	unser	euer	ihrer		
	3. Fall	uns	euch	ihnen		
	4. Fall	uns	euch	sie		

- **Ihm** oder **ihn**? Diese Entscheidung wird oft falsch getroffen. Die **Ersatzprobe** kann dir Sicherheit geben: Setze für **ihm/ihn** die Fürwörter **mir/mich** oder **dir/dich** ein.
  Ist *mir/dir* möglich → 3. Fall, daher ihm
  Ist *mich/dich* möglich → 4. Fall, daher ihn

74 Unterstreiche das persönliche Fürwort und bestimme die Person, die Zahl und den Fall.

BEISPIEL Der Lehrer hat mich gefragt. → 1. P EZ 4. F

1. Hast du heute Lust auf eine Radtour? ________ ________ ________
2. Das habe ich bitter bereut. ________ ________ ________
3. Meine Eltern laden dich zum Fest ein. ________ ________ ________
4. Wir feiern nämlich Vaters Geburtstag. ________ ________ ________
5. Viele Gäste kommen zu uns. ________ ________ ________
6. Alle werden ihm gratulieren. ________ ________ ________
7. Bestimmt wird er sich freuen. ________ ________ ________

75 Setze das persönliche Fürwort ein. Person, Zahl und Fall stehen in Klammer.

BEISPIEL Meine Tante hat **mich** besucht. (1. P, EZ, 4. F)

1. Auf dem Foto bin ________ als Cowboy zu sehen. (1. P, EZ, 1. F)
2. Wo bist ________ auf dem Bild? (2. P, EZ, 1. F)
3. Hinter ________ sieht man Paul als Indianer. (2. P, EZ, 3. F)
4. Neben ________ steht Ulli. (3. P, EZ, 3. F)
5. Meine Mutter hat ________ fotografiert. (1. P, MZ, 4. F)

76 Setze ihm oder ihn ein. Probiere mit mir/dir oder mich/dich.

BEISPIEL Die Schule macht **ihm** großen Spaß.

Ich habe ________ nicht gesehen.

Max schenkt ________ Gehör.

Ich habe ein Foto von ________.

Ich vertraue ________.

Alle haben ________ geliebt.

Ich war gestern bei ________.

B Das besitzanzeigende Fürwort (Possessivpronomen)

- Das besitzanzeigende Fürwort vertritt nicht ein Namenwort, sondern steht bei einem Namenwort: ***mein*** *Onkel*, ***dein*** *Vater*, ***seine*** *Mutter* …

- Die drei Personen des besitzanzeigenden Fürwortes lauten:

- Das besitzanzeigende Fürwort muss mit dem Namenwort in Fall, Zahl und Geschlecht übereinstimmen:

EZ	**1. Fall**	mein Lehrer	mein**e** Lehrerin	mein Buch
	2. Fall	mein**es** Lehrers	mein**er** Lehrerin	mein**es** Buches
	3. Fall	mein**em** Lehrer	mein**er** Lehrerin	mein**em** Buch
	4. Fall	mein**en** Lehrer	mein**e** Lehrerin	mein Buch
MZ	**1. Fall**	mein**e** Lehrer	mein**e** Lehrerinnen	mein**e** Bücher
	2. Fall	mein**er** Lehrer	mein**er** Lehrerinnen	mein**er** Bücher
	3. Fall	mein**en** Lehrern	mein**en** Lehrerinnen	mein**en** Büchern
	4. Fall	mein**e** Lehrer	mein**e** Lehrerinnen	mein**e** Bücher

77 Ergänze die Endungen der besitzanzeigenden Fürwörter.

BEISPIEL Ich besuche meine Tante und meinen Onkel.

In unser ______ Garten gibt es morgen ein Sommerfest. Ich habe mein ______ Schulfreunde dazu eingeladen. Auch unser ______ Nachbarn werden kommen. Sie nehmen ihr ______ beiden Kinder mit. Vater wird unser ______ Garten mit Lampions schmücken. Dabei werden ihm sein ______ Freunde helfen. Mama wird ihr ______ berühmten Rinderbraten servieren. Dazu gibt es Birnensaft und Birnensekt aus den Früchten unser ______ Obstgartens.

78 Unterstreiche das besitzanzeigende Fürwort und bestimme Person, Zahl und Fall.

BEISPIEL Er stieg in sein Auto.	3. P	EZ	4. F
1. Ich helfe meinem Freund.	______	______	______
2. Wir haben unsere Aufgaben erledigt.	______	______	______
3. Die Chefs vertrauen ihren Mitarbeitern.	______	______	______
4. Ihr sollt eure Pflichten und Rechte kennen.	______	______	______
5. Unsere Geduld ist am Ende.	______	______	______
6. Wo liegt das Haus deines Onkels?	______	______	______

79 Setze folgende Fürwörter + Namenwörter in die vier Fälle der EZ und MZ. Schreibe in dein Heft.

BEISPIEL **dein Heft, deines Heftes …**
deine Hefte, deiner Hefte …

unser Hund eure Katze ihr Pferd

X TEST 10 – Fürwörter

Testdauer: 15 min

Bestimme die unterstrichenen Fürwörter näher. Jede richtige Lösung: ein ✓.

Beispiele	Ihr Name war allen bekannt.	**bes. FW**	**3. P**	**EZ**
	Hast du die Frau gekannt?	**pers. FW**	**2. P**	**EZ**

1. Sie fanden ihre Tickets nicht.

2. Eva suchte ihren Kuli.

3. Er war nicht zu finden.

4. Sie brauchte ihn aber dringend.

5. Er war ihr Lieblingskuli.

6. Das Auto meines Vaters ist alt.

7. Es hat oft Pannen.

8. Vater will es verkaufen.

9. Wie geht es euren Freunden?

10. Wer hat euch das verraten?

11. Ich bin enttäuscht von ihnen.

12. Deine Ruhe möchte ich haben!

13. Wollt ihr uns besuchen?

14. Da habt ihr unsere Adresse.

15. Hast du ihm etwas gesagt?

Gesamtzahl der Entscheidungen: 45

Anzahl meiner richtigen Entscheidungen: ____ .

Ab 40 und mehr Richtigen kannst du zufrieden sein. Bei weniger als 40 solltest du dir die Seiten 86 bis 89 noch einmal anschauen!

X

KREUZE AN

1	2	3 *	
			1. Ich kann persönliche Fürwörter erkennen und Person, Zahl und Fall bestimmen. (Übung 74 und 75, Seite 87)
			2. Ich kann mit Hilfe der Ersatzprobe entscheiden, ob ihm oder ihn stehen muss. (Übung 76, Seite 87)
			3. Ich kann die Endungen von besitzanzeigenden Fürwörtern richtig bilden. (Übung 77, Seite 89)
			4. Ich kann besitzanzeigende Fürwörter erkennen und Person, Zahl und Fall bestimmen. (Übung 78, Seite 89)
			5. Ich kann ein Namenwort mit einem besitzanzeigenden Fürwort in die vier Fälle setzen. (Übung 79, Seite 89)

* Anmerkung
1 bedeutet: perfekt – alle Übungsaufgaben richtig
2 bedeutet: ausreichend – mehr als die Hälfte der Übungsaufgaben richtig
3 bedeutet: nicht ausreichend – weniger als die Hälfte der Aufgaben richtig

SATZARTEN UND SATZGLIEDER

A Die Satzarten

- Es gibt **verschiedene Satzarten**. Jede Satzart endet mit einem bestimmten **Satzschlusszeichen**:

1. **Aussagesatz**: *Das Wetter ist schön.*	→	Punkt
2. **Ausrufesatz**: *O wie schön!*	→	Rufzeichen
3. **Fragesatz**: *Wie wird das Wetter?*	→	Fragezeichen
4. **Aufforderungssatz**: *Verschwinde sofort!*	→	Rufzeichen (mit Nachdruck)
Lies den Satz.	→	Punkt (ohne Nachdruck)
5. **Wunschsatz**: *Wäre doch schönes Wetter!*	→	Rufzeichen

- Bei einer **Aufforderung** kannst du mit dem **Satzschlusszeichen** zum Ausdruck bringen, wie du diese Aufforderung verstehst:

  – vehement, befehlend, mit Nachdruck: *Leg (sofort) das Heft auf die Bank!*

  – sanft, ohne Nachdruck: *Teil (bitte) die Hefte aus.*

- Bei den **Fragesätzen** musst du **unterscheiden** zwischen

  – einer Ergänzungsfrage: ***Wie** wird das Wetter morgen?*

  – einer Entscheidungsfrage: ***Kennst** du die Wetterprognose für morgen?*

- **Vollständige Sätze** erkennt man am Vorhandensein eines Zeitwortes. Trotzdem gibt es Ausdrücke, die über kein Zeitwort verfügen, aber doch den Wert eines Satzes haben = **satzwertige** Ausdrücke.

  Schon wieder Nebel.
  An die Arbeit!
  Wozu diese Mühe?

80 Lies jeden Satz, bestimme die Satzart und setze das Satzschlusszeichen.

BEISPIEL Wohin fährst du morgen (?) → Fragesatz

1. Könnte ich doch länger schlafen ( ) → ______
2. Morgenstund' hat Gold im Mund ( ) → ______
3. Hör doch endlich zu ( ) → ______
4. Wo hast du die Pilze gefunden ( ) → ______
5. Gott sei Dank ( ) → ______
6. Wasser siedet bei 100 Grad ( ) → ______

81 Wie fasst du diese Aufforderungen auf? Setze das entsprechende Satzschlusszeichen.

BEISPIEL Der Ausbildner brüllt: „Stillgestanden (!)“

1. Der Lehrer ersucht höflich: „Nehmt die Arbeitsbücher heraus ( )“
2. Ein Autofahrer schreit erzürnt: „Idiot, pass besser auf ( )“
3. Die Mutter tröstet: „Sei nicht traurig ( )“
4. Im Mathematikbuch steht: „Konstruiere einen Kreis mit r = 5 cm ( )“
5. Der Lehrer warnt: „Kommt ja nicht noch einmal zu spät ( )“

82 Entscheide, ob es sich um eine Ergänzungs- oder eine Entscheidungsfrage handelt.

BEISPIEL Wann sind die Verwandten abgereist? = Ergänzungsfrage

1. Wer kann die Frage beantworten? = ______
2. Wann geht der nächste Zug? = ______
3. Spielst du Tennis? = ______
4. Wohin fliegt ihr im nächsten Sommer? = ______
5. Willst du mitkommen? = ______

B Die Satzglieder

- Das weißt du aus der Grundschule:
  Mit Hilfe der **Verschiebeprobe** = Umstellprobe kannst du feststellen, welche Wortgruppen beim Umstellen beisammenbleiben. Solche Verschiebeeinheiten nennt man **Satzglieder**.

  DER CHEF BEGRÜSST JEDEN MORGEN SEINE MITARBEITER.

  JEDEN MORGEN …

- **Ein Satzglied** (im Beispiel rot unterlegt) **bewegt sich nicht** von der Stelle, ähnlich wie die Sonne in unserem Planetensystem. Dieses Satzglied heißt **Satzaussage** = Prädikat. **Vor** der Satzaussage kann in einem Aussagesatz nur **e i n** Satzglied stehen.

- Ein anderes Satzglied (im Beispiel blau unterlegt) beschreibt den „Täter“ im Satz. Dieses Satzglied heißt **Satzgegenstand** = Subjekt.

  Den Satzgegenstand kannst du herausfinden

  – durch die **Frage** „Wer oder was begrüßt, lobt, spornt an …?“

  – durch die **Ersatzprobe** mit „ich“ oder „er“. Jenes Satzglied, das sich durch „ich“ oder „er“ ersetzen lässt, ist der Satzgegenstand.

- Die restlichen Satzglieder (im Beispiel hellgrün) sind Ergänzungen = Objekte.

83 Bestimme die Satzglieder und übermale sie mit verschiedenen Farben: Satzaussage = rot, Satzgegenstand = blau, Ergänzungen = grün.

BEISPIEL Ein Weiser sagt immer die Wahrheit .

1. Am Mittwoch entfiel eine Stunde.
2. Jede Woche geht sie ins Kino.
3. Bei 100 Grad siedet das Wasser.
4. In den Ferien fährt Felix in die Berge.
5. Die Enns mündet in die Donau.
6. Den Sommer verbringen viele am Meer.
7. Das Reisebüro empfiehlt dieses Hotel.
8. Das Team verlor in der Schlussminute.

84 Bestimme die Satzaussage. Übermale sie rot. Vorsicht, diese besteht nicht immer nur aus einem Zeitwort!

BEISPIEL Im Sommer ziehe ich am liebsten ein T-Shirt an .

1. Er hat seinen Atlas vergessen.
2. Gestern bin ich im Kino gewesen.
3. Jeder von uns kennt sich gut aus.
4. Sie kann schon gut schwimmen.
5. Er will nächste Woche kommen.
6. Morgen wird es vielleicht regnen.
7. Leise schleicht sich die Katze an.
8. Der Unterricht endet zu Mittag.

85 In der Satzaussage richtet sich die Personalform des Verbs nach dem Satzgegenstand. Unterstreiche den Satzgegenstand und die Satzaussage. Setze die Nennform in die richtige Personalform.

BEISPIEL Das Wetter (werden) wird in der Nacht umschlagen.

1. Ich (wollen) .... meine Freunde zum Gartenfest einladen.
2. Ihr (sollen) .... gute Laune, aber keine Geschenke mitbringen.
3. Niemand von den Eingeladenen (haben) .... abgesagt.
4. Hoffentlich (halten) .... das schöne Wetter bis morgen an.

C Fallergänzungen (Kasusobjekte)

- Im Kapitel B hast du erfahren, dass ein Satz aus Satzgliedern besteht: **Satzgegenstand** (Subjekt), **Satzaussage** (Prädikat) und **Ergänzung** (Objekt).

- Die Ergänzungen (Objekte) lassen sich in verschiedene Gruppen unterteilen. Eine dieser Gruppen sind die **Fallergänzungen** (Kasusobjekte).

- Fallergänzungen werden von der Satzaussage bestimmt, d.h., das Zeitwort legt den Fall der Ergänzung fest:

  Maria | schrieb | ein Mail .

  Wen oder was schrieb Maria? ... ein Mail = 4. Fall,
  daher Ergänzung im 4. Fall = E4 (Akkusativobjekt = O4)

  Maria | half | dem Vater .

  Wem half Maria? ... dem Vater = 3. Fall,
  daher Ergänzung im 3. Fall = E3 (Dativobjekt = O3)

  Ältere | bedürfen | einer Pflege .

  Wessen bedürfen Ältere? ... einer Pflege = 2. Fall,
  daher Ergänzung im 2. Fall = E2 (Genitivobjekt = O2)

- **Ergänzungen im 2. Fall** verschwinden in unserem Sprachgebrauch immer mehr. Nur wenige Zeitwörter verlangen einen 2. Fall: gedenken, sich erinnern, sich annehmen, entbehren, anklagen ...

- Wenn du unsicher bist, ob eine Ergänzung im 3. Fall (Dativobjekt) oder eine Ergänzung im 4. Fall (Akkusativobjekt) vorliegt, wende die Ersatzprobe mit den Ersatzwörtern **mir/dir** oder **mich/dich** an.

  Maria hilft ihrer Mutter. → *Maria hilft* ***dir/mir*** = 3. Fall, daher Dativobjekt

  Maria grüßt die Lehrerin. → *Maria grüßt* ***dich/mich*** = 4. Fall, daher Akkusativobjekt

86 Übermale die Fallergänzungen grün und bestimme sie näher. Schreibe O2, O3 oder O4 darüber.

BEISPIEL Friedrich übergibt dem Lehrer (O3) eine schriftliche Entschuldigung (O4).

1. Die schlampige Ausführung spottet jeder Beschreibung.
2. Mein Vater schenkt meiner Mutter einen Rosenstrauß.
3. Der Autor las dem Publikum seine spannendste Geschichte vor.
4. Meinen Lehrer stört der Klassenlärm.
5. Der Richter waltete seines Amtes.
6. Dem Angeklagten glaubte der Richter kein Wort.
7. Die Kinder beobachteten eine Schlange.
8. Der Hund gehört unserem Nachbarn.

87 Entscheide, ob es sich um ein Dativ- oder Akkusativobjekt handelt. Ergänze dann die Sätze und schreibe O3 oder O4 dazu.

BEISPIEL Die Polizei verhaftete **den gefährlichen Räuber**. **O4**
gefährlich/Räuber

1. Der Lehrer begrüßte ……………………. ……
anwesend/Eltern
2. Der Obmann gratulierte ……………………. ……
siegreich/Team
3. Die Eltern verziehen ……………………. ……
reuig/Sohn
4. Das Publikum bewunderte ……………………. ……
sensationell/Kunststücke
5. Die Leute applaudierten ……………………. ……
wagemutig/Artist
6. Der Verein unterstützt ……………………. ……
Not leidend/Familie

D Umstandsergänzungen (Adverbiale)

- In diesem Kapitel lernst du eine weitere Gruppe von Ergänzungen kennen. Diese Ergänzungen geben Auskunft über **die näheren Umstände** eines Geschehens,

  zB – **wo** etwas geschieht (am Bahnhof),
  – **wann** etwas geschieht (am Wochenende),
  – **wie** etwas geschieht (mit lautem Getöse),
  – **warum** etwas geschieht (wegen der Urlaubszeit).

- Diese Ergänzungen nennt man **Umstandsergänzungen** (Adverbiale).

– **Ortsergänzung** (OE)	Wo? Wohin? Woher? Wie weit?
– **Zeitergänzung** (ZE)	Wann? Seit wann? Bis wann? Wie lange? Wie oft?
– **Artergänzung** (AE)	Wie? Auf welche Weise? Wie sehr? Wie viel?
– **Begründungsergänzung** (BE)	Warum? Wozu? In welcher Absicht? Weswegen? Wofür?

88 Unterstreiche die Ortsergänzungen. Schreibe das Fragewort darüber.

Woher?
BEISPIEL Der neue Schüler kommt aus Rumänien.

1. Entlang des Flusses/dem Fluss stehen Weiden und Erlen.
2. Das Rohöl wird aus großen Tiefen gefördert.
3. Die meisten Fahrgäste steigen vorne ein.
4. Manche Läufer gehen bis an ihre Grenzen.

89 Unterstreiche die Zeitergänzungen. Schreibe das Fragewort darüber.

Seit wann?
BEISPIEL Seit vorgestern liegt er im Spital.

1. Das Tennisspiel dauerte über drei Stunden.
2. Gegen Ferienende freuen sich manche auf den Schulanfang.
3. Die Straßen werden zwei Mal im Jahr gereinigt.
4. Er las bis spät in die Nacht das spannende Buch.

90 Bestimme die unterstrichenen Umstandsergänzungen. Schreibe das Fragewort und AE = Artergänzung oder BE = Begründungsergänzung darüber.

Wie? AE
BEISPIEL Er gewann ganz überlegen das Endspiel.

1. Wegen einer schweren Verletzung musste der Sportler pausieren.
2. Er ging mit großer Begeisterung an die Arbeit.
3. Früher legten die Menschen weite Strecken zu Fuß zurück.
4. Der Patient fuhr zur Genesung ans Tote Meer.

X TEST 11 – Satzarten und Satzglieder

Testdauer: 15 min

Lies jeden Satz und setze das Satzschlusszeichen. Bestimme die Satzart. Übermale die Satzaussage = Prädikat rot und den Satzgegenstand = Subjekt blau. Vorsicht, nicht alle Sätze haben ein Subjekt oder ein Prädikat! Jede richtige Lösung: ein ✓.

Beispiel	Die verschiedenen Satzglieder erkennt nun jeder von uns (.)	**Aussagesatz**
	1. Kannst du die Objekte in einem Satz erkennen ( )	
	2. Setz nach jedem Satz ein Satzschlusszeichen ( )	
	3. So eine Affenhitze ( )	
	4. Hätte ich doch einen Geldesel ( )	
	5. Wo wurde W. A. Mozart geboren ( )	
	6. Gib doch endlich Ruhe ( )	
	7. Nach Regen folgt Sonnenschein ( )	
	8. Hoch lebe das Geburtstagskind ( )	
	9. Wie lange dauerte der 2. Weltkrieg ( )	
	10. Endlich Ferien ( )	
	11. Wer kann da widerstehen ( )	
	12. Der Unfall ereignete sich an einer gefährlichen Kreuzung ( )	
	13. Die beiden Fahrer kamen mit dem Schrecken davon ( )	
	14. Steh doch endlich auf ( )	
	15. Nie wieder Krieg ( )	

Gesamtzahl der Entscheidungen: 54

Anzahl meiner richtigen Entscheidungen: ____.

Ab 47 und mehr Richtigen kannst du zufrieden sein. Bei weniger als 47 solltest du dir die Seiten 92 bis 99 noch einmal anschauen!

X

KREUZE AN

1	2	3 *	
			1. Ich kann Satzarten bestimmen und die richtigen Satzschlusszeichen setzen. (Übung 80, Seite 93)
			2. Ich kann zwischen einer Aufforderung mit Nachdruck und ohne Nachdruck unterscheiden. (Übung 81, Seite 93)
			3. Ich kann zwischen einer Ergänzungs- und Entscheidungsfrage unterscheiden. (Übung 82, Seite 93)
			4. Ich kann Satzglieder bestimmen. (Übung 83, Seite 95)
			5. Ich kann mehrteilige Satzaussagen erkennen. (Übung 84, Seite 95)
			6. Ich kann die Personalform des Zeitwortes mit dem Satzgegenstand übereinstimmen. (Übung 85, Seite 95)
			7. Ich kann Fallergänzung bestimmen und bilden. (Übung 86 und 87, Seite 97)
			8. Ich kann Umstandsergänzungen erfragen und bestimmen. (Übung 88 bis 90, Seite 99)

* Anmerkung
1 bedeutet: perfekt – alle Übungsaufgaben richtig
2 bedeutet: ausreichend – mehr als die Hälfte der Übungsaufgaben richtig
3 bedeutet: nicht ausreichend – weniger als die Hälfte der Aufgaben richtig

INFORMATIONEN AUS SACHTEXTEN ENTNEHMEN

Den Inhalt eines unbekannten Textes musst du dir erarbeiten. Wesentliche Hilfen bietet dir dabei die 5-Schritt-Methode.

A 5-Schritt-Methode

Wie der Name schon sagt, besteht sie aus fünf Schritten, die du nacheinander ausführen sollst:

- **1. Überblick verschaffen**
  Bei diesem ersten Schritt brauchst du den Text noch nicht zu lesen, sondern du sollst ihn nur oberflächlich analysieren.
  Schau dir bei kürzeren (Sach-)Texten den Titel und die Untertitel (sofern vorhanden) genau an. Betrachte die Bilder und Grafiken und überfliege bloß den Text.
- **2. Fragen an den Text stellen**
  Auch bei Schritt 2 bist du vom eigentlichen Lesen noch etwas entfernt: Notiere dir auf einem Blatt Papier alles, was du schon zum Thema des Textes weißt, und alles, was du vom Text wissen willst. Wenn du dabei Schwierigkeiten hast, helfen dir die W-Fragen: Was? Wozu? Warum? Wie? Wer? Wo? Wann?
- **3. Erster Lesedurchgang**
  Nun ist es Zeit, den Text in einer angenehmen Atmosphäre zu lesen: Sei dabei aufmerksam und konzentriert. Versuche, das Gelesene mit deinen Erfahrungen, die du schon hast, zu verbinden.
  Wörter, die du nicht verstehst, markierst du mit Bleistift und schlägst die Bedeutung in einem Fremdwörterbuch oder Lexikon nach.
- **4. Fragen beantworten**
  Beantworte auf dem Zettel, den du bei Schritt 2 angelegt hast, alle Fragen. Wenn du den Text wiedergeben sollst, schreibe auf der Rückseite in eigenen Worten wesentliche Teile des Inhalts nieder.
- **5. Zweiter Lesedurchgang**
  Lies nochmals den Text und vergleiche, ob dir beim Beantworten der Fragen bzw. beim Zusammenfassen des Textes Wesentliches entgangen ist. Ergänze deine Notizen, wo nötig!
  Beim zweiten Lesedurchgang achtest du auf Wörter, die mehrmals im Text vorkommen und den Sinn des Textes tragen. Dabei handelt es sich um sogenannte Schlüsselwörter, die für den Sinnzusammenhang wichtig sind. Markiere sie mit Farbe.

B Schlüsselwörter erkennen

Schlüsselwörter sind die informationstragenden Wörter in einem Text, ohne die der Sinn des Textes nicht erschlossen werden kann. Oftmals sind es jene Begriffe, die die W-Fragen (Wo? Wer? Wann? ...) beantworten und dir den Text „entschlüsseln".
Markiere nur jene Wörter, von denen du weißt, dass sie dir den Inhalt wiedergeben. Alle anderen Wörter, das sind in einem Text oft bis zu 70 Prozent, brauchst du nicht anzustreichen oder dir zu merken.
Sinnvoll ausgewählte Schlüsselwörter helfen dir mit wenigen Blicken, den Inhalt zu verstehen.

91 Lies die beiden Textstellen und vergleiche sie.

Johannes Gutenberg
Johannes Gensfleisch von Sorgenloch, besser bekannt als Johannes Gutenberg, wurde in Mainz um das Jahr 1400 geboren. Er gilt als Erfinder des Buchdrucks mit beweglichen Lettern aus Metall und ist somit der eigentliche Erfinder der Druckerpresse: Mit seinen neuen Ideen revolutionierte er die bis dahin gängigen Methoden der Buchproduktion und löste dadurch eine Medienrevolution aus. Der Buchdruck nach Gutenberg breitete sich schnell im Kontinent Europa und in weiterer Folge in der ganzen Welt aus. Als sein Hauptwerk gilt die Gutenberg-Bibel. Sie wird besonders für ihre hohe Druckqualität gerühmt. Johannes Gutenberg starb am 3. Februar 1468.

Johannes Gutenberg
Johannes Gensfleisch ... bekannt als Gutenberg ... in Mainz um 1400 geboren ... Erfinder des Buchdrucks mit beweglichen Lettern aus Metall ... Erfinder der Druckerpresse ... Ideen revolutionierte ... Buchproduktion ... löste Medienrevolution aus ... Buchdruck breitete sich schnell ... aus ... Hauptwerk ... Gutenberg-Bibel ... starb ... 3. Februar 1468

Wie du erkennen kannst, besteht der zweite Text aus den Schlüsselwörtern des ersten. Nimm dir einen Textmarker und unterstreiche die Schlüsselwörter im ersten Text.

TIPP

Die richtigen Schlüsselwörter hast du markiert, wenn der gekürzte Text die „Referatprobe" besteht: Schreibe die von dir markierten Schlüsselwörter heraus und füge zwischen den Schlüsselwörtern ... ein. Lies dann den gekürzten Text und denke dir bei ... jeweils passende Füllwörter dazu. Zum Beispiel: Johannes Gensfleisch, ... (auch) bekannt als Gutenberg, ... (wurde) um 1400 in Mainz geboren ... (Er gilt als) Erfinder des Buchdrucks.
Trage nun den Text wie ein Referat laut vor. Ist es ein sinnvoller Text und fällt dir das Füllen der ... leicht, hat der gekürzte Text die „Referatprobe" bestanden.

92 Markiere in den nächsten drei Sätzen jeweils sparsam die Schlüsselwörter, die deiner Meinung nach den Inhalt tragen:

1. Gutenbergs Erfindung der Druckerpresse war eine Weiterentwicklung der damals gebräuchlichen Spindelpresse, die schon länger bei der Papierherstellung und beim Pressen von Früchten eingesetzt wurde.

2. Ein Drehen an der Spindel hatte die Abwärtsbewegung der montierten Metallplatte zur Folge, die den so entstehenden Druck gleichmäßig auf die Unterlage des Druckstocks verteilte.

3. Die Unterlage war auf einem beweglichen Karren montiert, an dem der aufklappbare Deckel, in den das zu bedruckende Papier eingelegt wurde, befestigt war.

93 Versuche, den Inhalt der folgenden drei Sätze in einigen wenigen Schlüsselwörtern zusammenzufassen.

BEISPIEL Zu den zahlreichen Erfindungen Gutenbergs zur Buchdruckerkunst gehören nebst der Verwendung von beweglichen Metalllettern auch die Entwicklung einer brauchbaren Legierung aus Blei, Zinn und Antimon. Als Druckfarbe verwendete er eine ölhaltige Tinte.
Gutenbergs Erfindungen zum Buchdruck: bewegliche Lettern, Entwicklung einer Legierung aus Zinn, Blei; ölhaltige Tinte

1. Die besondere Leistung Gutenbergs liegt darin, dass er alle Komponenten des Buchdrucks zu einem Produktionsprozess zusammengeführt hat, der zum ersten Mal die Massenproduktion von Büchern durch Maschinen möglich machte.

2. Im Jahr 1997 wurde der Buchdruck nach Johannes Gutenberg von der amerikanischen Zeitschrift „TimeLife“ zur bedeutendsten Erfindung des zweiten Jahrtausends gewählt und 1999 kürte „A&E Network“ aus Amerika den Erfinder zum „Mann des Jahrtausends“.

3. Über das Privatleben von Johannes Gutenberg sowie über sein sonstiges Wirken ist wenig bekannt, da kaum schriftliche Quellen darüber erhalten sind.

94 Finde im folgenden Text die Schlüsselwörter, indem du die Kernaussagen markierst.
Lies zuerst den Text und unterstreiche mit Bleistift alle Wörter, die du nicht verstehst. Schlag deren Bedeutung nach, und erst beim zweiten Lesedurchgang markierst du die Schlüsselwörter mit einem Marker.

Digitaldruck – die moderne Form des Druckens

Beim Digitaldruck (kurz Digidruck) benötigt man keinen festen Druckkörper, auf den man die zu druckenden Farben aufbringt. Das Druckbild wird direkt von einem Computer in eine Druckmaschine übertragen. Damit erspart man sich aufwändige und teure Vorbereitungsarbeiten und Einrichtungen.

Zu den modernen Druckverfahren zählen etwa der Tintenstrahldruck, der Thermodruck oder aber auch der moderne Fotodruck. Für hohe Auflagen wird meist ein Laserdruckverfahren verwendet.

Entscheidender Vorteil beim Digitaldruck ist die Wirtschaftlichkeit bei kleinen und sehr kleinen Auflagen: Einladungen zu persönlichen Festen, Grußkarten, Etiketten oder Visitenkarten sind praktisch nur im Digitaldruck sinnvoll zu drucken. Auch Bücher in kleinen Auflagen („books on demand") werden digital gedruckt.
Zudem werden die Digitaldruckmaschinen zunehmend schneller und produzieren bis zu 50 Seiten pro Minute, was anderen Druckverfahren wie dem Siebdruck oder Offsetdruck große Konkurrenz macht.
Neben der Schnelligkeit dieses Druckverfahrens und der damit auch verbundenen Wirtschaftlichkeit lassen sich auch qualitativ ansprechende Druckergebnisse erzielen. Außerdem ist die Vielfältigkeit hoch zu loben: Die neueste Generation der Digitaldrucksysteme ist der „Plattendirektdruck". Mit diesem System können starre Materialien wie zum Beispiel Kunststoffe, Holz, Glas, Metalle, Stein, Papier etc. bedruckt werden.

95 Nachstehender Text beinhaltet Antworten auf folgende vier Fragen:

1. Nach welchem Prinzip findet der Zeitungsdruck ausschließlich statt?
2. Wo können in Österreich Druckerlehrlinge ausgebildet werden und wie lange dauert deren Ausbildung?
3. Markiere die drei Bedingungen, unter denen Tageszeitungen produziert werden.
4. Wie hat sich der Beruf der Druckerin/des Druckers in den letzten Jahren entwickelt?

Lies den Text aufmerksam durch und markiere die Antwort auf die Fragen mit jeweils verschiedenfarbigen Markern.

Der Zeitungsdruck

Mit Zeitungsdruck wird jener Bereich der Drucktechnik bezeichnet, in dem unter den besonderen Bedingungen wie Schnelligkeit, Flexibilität und niedrigen Kosten Tageszeitungen produziert werden.

Der Zeitungsdruck erfolgt heute ausnahmslos im Rollenoffsetdruck.

Dabei erfolgt die Übertragung der Bildinformationen auf das Papier indirekt: Das bedeutet, dass das Druckbild nicht direkt auf das Papier aufgebracht, sondern zunächst auf einen Übertragzylinder gebracht wird. Von dort wird auf das Papier gedruckt. Der Druck findet ausschließlich im Rotationsprinzip statt. Entscheidend für die einwandfreie Druckbildübertragung ist vor allem ein angemessener Anpressdruck zwischen den Zylindern.

Aufgrund der geringen Qualität des Papiers und der hohen Geschwindigkeit, mit der die Papierbahnen durch die Druckmaschine laufen, werden ganz besondere Anforderungen an die Maschinen gestellt. Diese können sowohl für kleine Auflagen mit 10.000 Exemplaren als auch für Massenblätter mit Millionenauflage konzipiert sein.

Im Zeitungsdruck ist ein Trend zur Automatisierung zu beobachten. Der Maschinenführer hat sich vom handwerklichen Drucker zum Druckmanager am Leitstand der Maschine und der Computer entwickelt. Dies bedingt eine solide Ausbildung der Drucker: In Österreich erfolgt die Berufsausbildung an Berufsschulen und bei einschlägigen Lehrbetrieben des Gewerbes, dauert dreieinhalb Jahre und wird mit der Lehrabschlussprüfung beendet.

TEST 12 – Informationen aus Sachtexten entnehmen

Testdauer: 15 min

Markiere im Text mit drei verschiedenen Markern stichwortartig die Antworten auf folgende Fragen:

1. Was könntest du mit dem Text machen, wenn du dich aufgrund eines einzelnen Schlüsselwortes nicht mehr an den Sinn erinnerst?

2. Was benötigst du für das Markieren von Schlüsselwörtern?

3. Was solltest du vor dem Markieren tun?

Das sinnvolle Markieren von Schlüsselwörtern

Beim sinnvollen Markieren ist der Grundsatz wichtig, dass man sparsam markiert und systematisch vorgeht. Folgende Utensilien wirst du für das Erarbeiten eines Textes brauchen: Bleistift, (evtl. verschiedenfarbige) Textmarker und ein Lineal.

Vor Beginn der Markierung sollte ein größerer Abschnitt des Textes gelesen werden. Dies ist notwendig, um abschätzen zu können, welche Gedanken von zentraler Bedeutung sind.

Daraufhin beginnt man mit dem sparsamen Unterstreichen einzelner Schlüsselwörter, die die Kerngedanken des Textes tragen. Vermeide, ganze Textpassagen zu unterstreichen! Diese Wörter sollten so gewählt werden, dass ein kurzer Blick auf das markierte Schlüsselwort sofort den entsprechenden Textzusammenhang ins Gedächtnis ruft.

Manchmal kann es schwierig sein, sich aufgrund eines Schlüsselwortes an den Textsinn zu erinnern. In diesen Fällen könnten erläuternde Zusatzinformationen mit dem Bleistift dünn unterstrichen werden. Sei auch hier sehr sparsam!

Vergleiche deine Lösungen mit den Lösungen im Lösungsheft.

Bei weniger als 10 markierten Schlüsselwörtern solltest du dir die Seiten 102 bis 106 noch einmal anschauen!

X

KREUZE AN

1 2 3 *

1. Ich kann beim ersten Lesen eines Textes mir unbekannte Wörter klären und mir einen Überblick über den Text verschaffen. Ich stelle mir die Fragen:
Worum geht es hier?
Was will mir der Text sagen?

2. Ich nütze dann erst die weiteren Lesedurchgänge dazu, um Schlüsselwörter zu markieren.

3. Ich weiß, dass Schlüsselwörter Begriffe sind, die den Sinn des Textes tragen. Ich stelle mir die sogenannte W-Fragen (Was? Wozu? Warum? Wie? Wer? Wo? Wann?) und als Antwort kann ich dann die Schlüsselwörter markieren.

4. Ich bin mir bewusst, dass ich immer wieder einen Blick auf die Überschrift werfen muss, denn sie verrät mir, worum es im Text geht. Auch so kann ich Schlüsselwörter finden.

5. Weniger ist mehr! Ich bin sparsam mit dem Markieren und streiche nur an, was ich wirklich als Träger des Textsinns brauche.

6. Ich weiß, dass ich zur „Referatprobe" nacheinander einen Blick auf die ausgewählten Schlüsselwörter werfen muss. Wenn ich den Textsinn verstehe und ihn wiederholen kann, wenn ich nur die Schlüsselwörter lese, habe ich gute Arbeit geleistet.

* Anmerkung
1 bedeutet: perfekt – bei allen Übungsaufgaben richtig
2 bedeutet: ausreichend – bei mehr als der Hälfte der Übungsaufgaben richtig
3 bedeutet: nicht ausreichend – bei weniger als der Hälfte der Aufgaben richtig

MÄRCHEN UND DEREN INHALTE

96 Bevor du den Märchenklassiker „Rumpelstilzchen“ der Brüder Jacob und Wilhelm Grimm lesen kannst, musst du noch die Wörter trennen, da beim Druck die Leerzeichen abhanden gekommen sind. Setze nach jedem Wort mit Bleistift einen senkrechten Strich und bereite den Märchentext so für das flüssige Lesen vor.

Lies dir das Märchen, nachdem du die Wörterschlangen geteilt hast, nochmals aufmerksam durch.

Gebrüder Grimm – Rumpelstilzchen

EswareinmaleinMüller,derwararm,abererhatteeineschöneTochter.Nuntrafessich, dassermitdemKönigzusprechenkam,undumsicheinAnsehenzugeben,sagteerzu ihm:„IchhabeeineTochter,diekannStrohzuGoldspinnen.“DerKönigsprachzumMüller: „DasisteineKunst,diemirwohlgefällt.WenndeineTochtersogeschicktist,wiedusagst, sobringsiemorgeninmeinSchloss.IchwillsieaufdieProbestellen.“AlsnundasMädchen zuihmgebrachtwurde,führteeresineineKammer,dieganzvollStrohwar,gabihrein Spinnradundsprach:„JetztmachedichandieArbeit,undwenndudieseNachtnichtalles StrohzuGoldversponnenhast,somusstdusterben.“DaraufschlosserdieKammerzu, undsieblieballeindarin.

DasaßnundiearmeMüllerstochterundwusstekeinenRat:Siewusstenicht,wieman StrohzuGoldspinnenkonnte,undihreAngstwardimmergrößer,dasssiezuweinen anfing.DagingaufeinmaldieTüreauf,einkleinesMännchentrathereinundsprach: „GutenAbend!Warumweintsiesosehr?“„Ach“,antwortetedasMädchen,„ichsollStroh zuGoldspinnenundverstehedasnicht.“DasprachdasMännchen:„Wasgibstdumir, wennichdiresspinne?“„MeinHalsband“,sagtedasMädchen.DasMännchennahmdas Halsband,setztesichvordasRädchenundspannallesStrohzuGold.

BeiSonnenaufgangkamderKönig,undalserdasGolderblickte,staunteerundfreutesich. AberseinHerzwardnochgoldgieriger.ErließdieMüllerstochterineineandereKammer vollStrohbringen,dienochvielgrößerwar,undbefahlihr,dasauchzuspinnen.Das MädchenwusstesichnichtzuhelfenundweinteDagingabermalsdieTüreauf,unddas kleineMännchenerschienundsprach:„Wasgibstdumir,wennichdirdasStrohzuGold spinne?“„MeinenRing!“,antwortetedasMädchen.DasMännchennahmdenRingund hattebiszumMorgenallesStrohzuGoldgesponnen.DerKönigfreutesich,warabernoch immernichtdesGoldessatt,sondernließdieMüllerstochterineinenochgrößere KammervollStrohbringenundsprach:„DasmusstdunochindieserNachtverspinnen: Gelingtdirs,sosollstdumeineGemahlinwerden.“„WennsaucheineMüllerstochterist“, dachteer,„einereichereFraufindeichinderganzenWeltnicht.“AlsdasMädchenallein

war,kamdasMännleinzumdrittenMalundsprach:„Wasgibstdumir,wennichdirnoch
einmaldasStrohspinne?“„Ichhabenichtsmehr,dasichgebenkönnte“,antwortetedas
Mädchen.„Soversprichmir,wennduKöniginwirst,deinerstesKind“.„Werweiß,wie
dasnochgeht“,dachtedieMüllerstochterundwusstesichauchinderNotnichtanderszu
helfen.

SieversprachdemMännchen,wasesverlangte,unddasMännchenspannnocheinmal
dasStrohzuGold.UndalsamMorgenderKönigkamundallesfand,wieergewünscht
hatte,sohielterHochzeitmitihr,unddieschöneMüllerstochterwardeineKönigin.

NacheinemJahrbrachtesieeinschönesKindzurWeltunddachtegarnichtmehrandas
Männchen:DatratesplötzlichinihreKammerundsprach:„Nungibmir,wasdu
versprochenhast.“DieKöniginerschrakundbotdemMännchenalleReichtümerdes
Königreichsan,wennesihrdasKindlassenwollte.AberdasMännchensprach:„Nein,
etwasLebendesistmirlieberalsalleSchätzederWelt.“DafingdieKöniginsoanzu
jammernundzuweinen,dassdasMännchenMitleidmitihrhatte:„DreiTagewillichdir
Zeitlassen“,spraches,„wenndubisdahinmeinenNamenweißt,sosollstdudeinKind
behalten.“

NunbesannsichdieKönigindieganzeNachtüberaufalleNamen,diesiejemalsgehört
hatte,undschickteeinenBotenüberdasLand,dersichweitundbreiterkundigensollte,
wasessonstnochfürNamengäbe.AlsamandernTagdasMännchenkam,sagtedie
KöniginalleNamen,diesiewusste.AberbeijedemsprachdasMännlein:„Soheißich
nicht.“DenzweitenTagließsieinderNachbarschaftherumfragen,wiedieLeuteda
genanntwürden,undsagtedemMännleindieungewöhnlichstenundseltsamsten
Namen:„HeißtduvielleichtRippenbiestoderHammelswadeoderSchnürbein?“Aberes
antworteteimmer:„Soheißichnicht.“DendrittenTagkamderBotewiederzurückund
erzählte:„NeuenNamenhabeichkeineneinzigenfindenkönnen,aberalsichaneinen
hohenBergumdieWaldeckekam,woFuchsundHasesichguteNachtsagen,sosahichda
einkleinesHaus.VordemHausbrannteeinFeuer,undumdasFeuersprangeingarzu
lächerlichesMännchen.EshüpfteaufeinemBeinundschrie:„Heutebackich,morgen
brauich,übermorgenholichderKöniginihrKind!Ach,wiegutist,dassniemandweiß,
dassichRumpelstilzchenheiß!“

Dakönntihrdenken,wiedieKöniginfrohwar,alssiedenNamenhörte.Alsbalddanach
dasMännleinhereintratundfragte:„Nun,FrauKönigin,wieheißich?“,fragtesieerst:
„HeißestduKunz?“„Nein.“„HeißestduHeinz?“„Nein.“„Heißtduetwa
Rumpelstilzchen?“„DashatdirderTeufelgesagt,dashatdirderTeufelgesagt!“,schriedas
MännleinundstießmitdemrechtenFußvorZornsotiefindieErde,dassesbisandenLeib
hineinfuhr,dannpackteesinseinerWutdenlinkenFußmitbeidenHändenundrisssich
selbstmittenentzwei.

Nach Brüder Grimm

A Das Märchen – Erläuterungen eines Begriffs

Der Begriff „Märchen“ leitet sich vom mittelhochdeutschen Wort „maere“ ab, was so viel wie Bericht oder Nachricht bedeutet. Vielleicht hast du schon einmal gehört, wenn jemand sagt: *„Das ist eine Mär, dass …“*, was übertragen so viel bedeutet wie *„Das ist ein Gerücht, dass …“*

Inhaltlich erzählen Märchen von wundersamen Begebenheiten mit Hexen und Zwergen, Königen und Prinzessinnen, sprechenden Tieren oder besonderen Dingen (zB goldener Schlüssel, Goldregen …).

Märchen sind Geschichten, die unterhalten wollen, und stammen meist aus sehr alter Zeit. Daher beginnen sie auch mit *„Es war einmal …“* und wurden früher mündlich von Generation zu Generation weitererzählt. Erst später wurden die Geschichten gesammelt und aufgeschrieben. Die Brüder **Jacob und Wilhelm Grimm**, sie lebten im 19. Jahrhundert, zählen zu den berühmtesten Märchensammlern.

Alamy/Interfoto

Ein besonderes Merkmal der Märchen ist, dass die **Figuren**, die vorkommen, sehr **gegensätzlich** sind: arm – reich, alt – jung, gut – böse, klug – dumm usw. Dadurch, dass die Personen so verschieden sind, entsteht die Handlung. Eine besondere Rolle spielen auch **Zahlen**, wobei die Zahlen Drei und Sieben sehr häufig zu finden sind (zB drei Brüder, sieben Geißlein, dreifaches Erscheinen einer Figur …). Oft finden sich auch **Sprüche** oder **Zauberformeln**. Obwohl Märchen manchmal sehr brutal und grausam sind, siegt zumeist das Gute. So enden auch viele Märchen mit einem positiven Ausblick: *„Und wenn sie nicht gestorben sind, so leben sie noch heute.“*

97 Lies den Informationstext „Das Märchen – Erläuterungen eines Begriffs" und unterstreiche alle Schlüsselwörter.

98 Bring für die im Informationstext unterstrichenen typischen Merkmale eines Märchens zehn Beispiele aus „Rumpelstilzchen".

BEISPIEL

„Merkmale eines Märchens"	„Rumpelstilzchen"
böse Figur	Männlein

1.		
2.		
3.		
4.		
5.		
6.		
7.		
8.		
9.		
10.		

B Ein Märchen schreiben – eine sechsteilige Bauanleitung

1. Wie beginne ich?

Zuerst brauchst du eine Hauptfigur (eine Heldin/einen Helden), die zumindest eine Aufgabe lösen muss, um eine Belohnung zu erhalten.

Beginne am besten mit einer Figur, die anfangs arm, unglücklich oder allein ist. Ihr Schicksal ändert sich dadurch, dass sie/er eben eine oder mehrere Aufgaben löst. Am Ende ist sie reich, glücklich, mächtig ...

2. Welche Eigenschaften braucht die Heldin/der Held?

Heldinnen/Helden sind stets tapfer, mutig oder listig. Sie haben nur eine einzige Charaktereigenschaft. Oft besitzen sie noch einen Gegenstand, der etwas Besonderes kann. Auch Zaubersprüche können oft Wunder bewirken.

3. Welche Aufgabe soll die Heldin/der Held bestehen?

Es muss jedenfalls etwas Abenteuerliches, etwas Gefährliches sein. Mächtige Gegenspieler werden entweder im Kampf oder durch eine List besiegt.

4. Wie soll die Gegenspielerin/der Gegenspieler der Heldin/des Helden aussehen?

Sie wollen, dass der Heldin/dem Helden etwas Böses widerfährt, und sehen oft bis zum Schluss wie die Sieger aus. Ein letzter Auftritt der Heldin/des Helden besiegt sie aber, sodass das Gute gewinnt. Typische böse Märchenfiguren sind Stiefschwestern, Hexen, Drachen, unansehnliche Figuren usw.

5. Worauf muss ich noch besonders achten?

Märchen sind immer:

- **zeitlos** (Keine Zeitangaben, nur Richtwerte: *„Es war einmal ...“*, *„Vor langer, langer Zeit ...“*)
- **ortlos** (Keine genauen Ortsangaben, nur grobe und vage Beschreibungen: *„In einem Wald“*, *„Auf einem Schloss“*, *„In der Nähe eines Dorfes“*)
- **namenlos** (Helden haben keine Namen, nur Bezeichnungen: *„der jüngeste Sohn“*, *„eine alte Frau“*, *„Tochter des Müllers“*)
  Bei der Namensgebung gibt es allerdings eine Ausnahme: Bildhafte Namen (*Frau Holle, Aschenputtel, Hans im Glück ...*) darfst du verwenden.

6. Wie gestalte ich das Ende des Märchens?

Es sollte immer ein Happy End geben. Lass das Gute über das Böse siegen oder die verliebte Prinzessin den Prinzen heiraten.

Beende dein Märchen mit: *„Und wenn sie nicht gestorben sind, dann leben sie noch heute.“*

99 Überlege dir zu den Punkten 1 bis 6 der Bauanleitung von Seite 113 ein paar Stichwörter und versuche das Grundgerüst eines Märchens zu erfinden:

1. Wer ist die Heldin/der Held?

2. Welche Eigenschaften besitzt die Heldin/der Held?
Besitzt sie/er einen besonderen Gegenstand, der ihr/ihm später hilft?

3. Welche Aufgabe muss sie/er bestehen?

4. Wer ist die Gegenspielerin/der Gegenspieler?

5. Wann und wo spielt das Märchen? (Achtung: Hier keine konkreten Angaben!)

Versuche nun aus dem von dir gewählten Grundgerüst ein Märchen zu schreiben.

100 Folgende Tabelle bietet dir eine Auswahl für drei mögliche Märchen. Entscheide dich für eines und erfinde die Geschichte zum Märchen.

Heldin/Held	Aufgabe der Heldin/des Helden	Gegnerin/ Gegner der Heldin/des Helden	Tier, das vorkommen soll	Gegenstand, der der Heldin/ dem Helden hilft
1. reicher Prinz	drei Gegenstände holen	Hexe	Katze	Stiefel, mit denen man schnell laufen kann
2. armer Hirte	jemanden überlisten	böser Zwerg	Frosch	Stab, der alles zu Gold machen kann
3. junges Mädchen	Essen für ihre Familie zu besorgen	Drache	---	Topf, der fliegen kann

C Märchen fortsetzen

Brüder Grimm – Der goldene Schlüssel

Zur Winterszeit, als einmal ein tiefer Schnee lag, musste ein armer Junge hinausgehen und Holz auf einem Schlitten holen. Wie er es nun zusammengesucht und aufgeladen hatte, wollte er, weil er so durchgefroren war, noch nicht nach Haus gehen, sondern erst Feuer anmachen und sich ein bißchen wärmen. Da scharrte er den Schnee weg, und wie er so den Erdboden aufräumte, fand er einen kleinen goldenen Schlüssel. (…)

Nach Brüder Grimm

101 Überlege dir, wie dieses Märchen weitergehen könnte. Schreibe eine Fortsetzung und vergleiche im Anschluss deine Version mit dem Original etwas weiter unten. (Lies nicht das Ende, bevor nicht deine Geschichte geschrieben ist!)

Brüder Grimm – Der goldene Schlüssel (Fortsetzung)

(…) Nun glaubte er, wo der Schlüssel wäre, müsste auch das Schloss dazu sein, grub in der Erde und fand ein eisernes Kästchen. „Wenn der Schlüssel nur passt!", dachte er. „Es sind gewiss kostbare Sachen in dem Kästchen." Er suchte, aber es war kein Schlüsselloch da, endlich entdeckte er eins, aber so klein, dass man es kaum sehen konnte. Er probierte, und der Schlüssel passte glücklicherweise. Da drehte er einmal herum, und fand ein kleines Feuerchen, dabei lag ein Zettelchen, wo eine Formel war, wie das man das Feuerchen an- und ausmachen konnte, wann man Lust dazu hatte. Dieses brachte er später nach Hause und er brauchte niemals mehr Feuerholz suchen.

Nach Brüder Grimm

TEST 13 – Märchen

Testdauer: 15 min

Im folgenden Text haben sich Fehler eingeschlichen, die den Merkmalen eines Märchens widersprechen. Streiche alle falschen Angaben durch.

Das Kätzchen und die Stricknadeln

Im Jahr 1275 lebte eine arme Frau namens Grete, die in den Wald bei Linz ging, um Holz zu sammeln. Als sie auf dem Rückweg war, sah Grete ein krankes Kätzchen. Die arme Frau hatte Mitleid und nahm es in ihrer Schürze nach Hause mit. Auf dem Weg kamen ihr ihre beiden Kinder Ilse und Peter entgegen, und als sie sahen, dass die Mutter etwas trug, fragten sie: „Mutter, was trägst du?“ Sie wollten das Kätzchen haben. Grete gab aber den Kindern das Kätzchen nicht, aus Sorge, sie würden es quälen, sondern sie legte es zu Hause auf alte weiche Kleider und gab ihm Milch zu trinken. Als das Kätzchen sich gelabt hatte und wieder gesund war, war es mit einem Male fort.

Zwei Tage später ging Grete wieder in den Wald bei Linz, und als sie mit dem Holz auf dem Rückweg wieder an die Stelle kam, wo das kranke Kätzchen gelegen hatte, da stand eine vornehme Dame namens Hilde dort, winkte Grete zu sich und warf ihr fünf Stricknadeln in die Schürze. Die Frau wusste nicht recht, was sie denken sollte. Des Abends legte sie die fünf Stricknadeln auf den Tisch. Aber als Grete des anderen Morgens ihr Bett verließ, da lag ein Paar neue, fertig gestrickte Strümpfe auf dem Tisch. Das wunderte die arme Frau über alle Maßen, und am nächsten Abend legte sie die Nadeln wieder auf den Tisch, und am Morgen darauf lagen neue Strümpfe da. Jetzt merkte sie, dass zum Lohn ihres Mitleids mit dem kranken Kätzchen ihr diese fleißigen Nadeln beschert waren, und ließ dieselben nun jede Nacht stricken, bis sie und die Kinder Ilse und Peter genug hatten. Dann verkaufte sie auch Strümpfe und hatte genug bis an ihr seliges Ende. Und wenn sie nicht gestorben sind, verkaufen sie noch heute Strümpfe.

Nach Ludwig Bechstein

Vergleiche deine Lösungen mit den Lösungen im Lösungsheft.

Bei weniger als 6 gefundenen falschen Angaben solltest du dir die Seite 113 noch einmal anschauen!

X

KREUZE AN

1	2	3 *	
			1. Ich weiß, dass viele Märchen mit „Es war einmal …“ beginnen.
			2. Mir ist bewusst, dass im Märchen Zeit- und Ortsangaben unbestimmt sind.
			3. Ich habe die Kenntnis, dass im Märchen immer gegensätzliche Figuren auftreten.
			4. Ich weiß, dass die Figuren namenlos bleiben.
			5. Ich weiß, dass die Personen nur eine Charaktereigenschaft haben.
			6. Mir ist bekannt, dass im Märchen die Naturgesetze aufgehoben sind: Pflanzen und Tiere können sprechen und sind den Menschen gleichgestellt.
			7. Ich weiß, dass in den Märchen die Zahlen (besonders die Zahlen drei und sieben) eine besondere Rolle spielen.
			8. Ich habe gelernt, dass Märchen grundsätzlich gut enden und meistens mit den Worten „Und wenn sie nicht gestorben sind, dann leben sie noch heute“ schließen.

* Anmerkung
1 bedeutet: perfekt
2 bedeutet: ausreichend
3 bedeutet: nicht ausreichend

ERLEBNISERZÄHLUNG

A Der rote Faden

Wer erzählt, möchte seine Leserin bzw. seinen Leser zu einem bestimmten Thema unterhalten. Dieses von der Erlebniserzählerin bzw. vom Erlebniserzähler gewählte Thema ist der Hauptgedanke, der „rote Faden", der die Leserin und den Leser Schritt für Schritt durch den Text führt.

Die Geschichte, die du erzählst, solltest du nach Möglichkeit erlebt haben. Erfundene Erlebniserzählungen müssen wahr sein können: Es dürfen keine Figuren vorkommen, die es in unserer Welt nicht gibt. Tiere können nur in einer Fabel sprechen!

„Erzähl von einem Erlebnis, an das du dich gut erinnerst!", lautete die Aufgabe, die Florian am Schulbeginn im Deutschunterricht behandeln musste. Diese Aufgabe fiel ihm nicht schwer, und bereits nach zwanzig Minuten gab er folgenden Aufsatz ab:

Ein Erlebnis in den Ferien

An einem schönen Sommertag bin ich an den Teich in unserer Nähe gegangen. Dort wollte ich den Salto üben. Aber das wäre fast schlecht ausgegangen. Von einer guten Stelle, wo man von einem bewachsenen Hügelvorsprung leicht springen konnte, machte ich einen Kopfsprung. Aber ich machte ihn nicht richtig, und daher fiel ich mit dem Rücken ins Wasser. Das brannte auf der Haut. Ich bekam wenig Luft. Als ich mich ein wenig erholte, lief ich heim. Ich dachte: „Hoffentlich sieht mich niemand."

Sandra hat folgenden Aufsatz zum gleichen Thema abgegeben:

Die Sommerferien waren sehr schön. Wir sind zur Burg Greifenstein gefahren. Burgen und Schlösser interessieren mich nämlich sehr. Besonders gruselig aber war es im Burgverlies. Vor dem Eingang waren zwei kleine Nischen, wo Totenköpfe lagen. Im Verlies waren sogar noch einige Folterwerkzeuge. Ich war ganz ergriffen von dieser Umgebung und merkte gar nicht, dass die anderen Besucher schon weitergegangen waren. Plötzlich stand ich nämlich allein da. Ich fürchtete mich. Aber Gott sei Dank kam bald Hans und fragte mich: „Wo bist du bloß gewesen?" Danach besuchten wir noch die herrlichen Säle und Schlafgemächer. Einen großen Saal beherrschte eine riesige Statue aus Marmor. Das war ein Türke. Der hatte eigenartige, mechanische Augen. Wenn jemand an ihm vorbeiging, verfolgte er ihn immer mit den Augen. Das faszinierte mich, ich ging immer wieder an ihm vorbei.

Plötzlich griff mir jemand von hinten an den Nacken. Aber es war nur mein Vater, der sagte, dass ich weitergehen soll, weil wir die anderen auch besichtigen wollten. An die Burg Greifenstein werde ich noch lange denken.

Als Florian und Sandra ihre Aufsätze zurückbekamen, spürten sie sofort, dass der Lehrer mit ihren Aufsätzen nicht zufrieden war.

Zu Florians Aufsatz hatte der Lehrer folgende Bemerkungen geschrieben:

Zum Thema: Du hast das Thema des Aufsatzes getroffen und dich auf ein Erlebnis beschränkt.

Zum Aufbau: Einleitung und Schluss erfüllen ihre Aufgabe. Du solltest sie aber durch Absätze deutlich machen.
„An einem schönen Sommertag ..." – so beginnen sehr viele Erlebniserzählungen. Versuche den ersten Satz persönlicher und genauer zu schreiben, zB Es war entsetzlich schwül, und ich ging ...

Der Hauptteil ist entschieden zu kurz; du hast zwar geschrieben, was geschehen ist, du musst aber anschaulicher zeigen, wie du deinen Salto erlebt hast. Außerdem bleibt unklar, warum du diesen Versuch gemacht hast.

Zur Sprache: Für einige Ausdrücke ließen sich bessere finden, zB „von einer guten Stelle".
Was meinst du mit dem Satz: „Aber ich machte ihn nicht gut"?
Im vorletzten Satz muss es heißen: „Als ich mich ein wenig erholt hatte, lief ich heim", und im Schluss-Satz vielleicht so: „Hoffentlich hat mich niemand bei diesem missglückten Versuch beobachtet."

Auch mit Sandras Aufsatz war der Lehrer nicht zufrieden.

TIPP

Um der Leserin/dem Leser zu vermitteln, wie du dich gefühlt hast, benenne deine Stimmungslage oder schreibe, wie sich deine Gefühle äußerten, zB:
Wie verzaubert blieb ich stehen ...
Eiskalt lief es mir über den Rücken ...
Ich hatte unglaubliche Angst und bekam eine Gänsehaut, als ...

102 Versuche dich in die Rolle des Lehrers zu versetzen und schreibe kurze Anmerkungen zum Aufsatz von Sandra.

Unterteile deine Anmerkungen so:

a) Was lässt sich zum Aufbau sagen?

b) Was sollte am Inhalt verbessert werden?

c) Welche sprachlichen Ausdrücke findest du gut, welche sollten verbessert werden?

B Hauptgedanke beachten und Erzählkern finden

TIPP

1. Behalte beim Schreiben und auch später beim Überarbeiten deines Textes das Thema immer im Auge.
2. Stell dir immer die Frage: Stehen erzählte Einzelheiten mit dem Hauptgedanken in einem Zusammenhang?
3. Wenn dir zu einem Thema wenig einfällt, versuche einen Erzählkern mit den W-Fragen aufzubauen:

   WER tut etwas? WAS geschieht? WO? WANN? WARUM?

   Beispiel:
   - WANN? Anfang Juli, Ferienbeginn
   - WO? Ausflug in den Wiener Prater
   - WER? meine Eltern, mein Bruder Herbert, mein Freund Sebastian und ich
   - WAS? Fahrt mit Geisterbahn, Angst
   - WARUM? Papa erschreckte uns beim Ausstieg aus Geisterbahn

C Gliederung

Eine gute Erlebniserzählung folgt einer ordentlichen Gliederung in drei Handlungsschritten:

- **Einleitung**: Einstimmung auf das Thema, Vorstellung der Personen, Ort und Zeit der Handlung, Ausgangssituation erklären
- **Hauptteil**: Handlungsgeschehen Schritt für Schritt in der richtigen Reihenfolge ausbauen, zum Höhepunkt hinführen und diesen ausgestalten
- **Schluss**: kurz und knapp halten, über Folgen oder über eine Lehre berichten

103 Die Teile nachfolgender Erlebniserzählung sind durcheinandergeraten. Lies dir den Text durch und nummeriere links die einzelnen Blöcke, sodass die Reihenfolge wieder passt.

Gliedere zum Abschluss die Textteile nach deren Zugehörigkeit zu Einleitung – Hauptteil – Schluss durch Markierungen am Rand, unterstreiche mit einem Textmarker den Höhepunkt und versuche, der Erzählung eine passende Überschrift zu geben.

Überschrift: ....

...... *Wir näherten uns vorsichtig und wagten einen Blick ins Innere durch eine zerbrochene Fensterscheibe. Ich leuchtete mit der Taschenlampe hinein. Doch plötzlich hörte ich ein lautes Kreischen und ein dunkler Schatten huschte vorbei. Der Schreck fuhr mir in alle Glieder. Ich ließ die Lampe fallen, riss meinen Bruder und Andrea mit und wir flüchteten Hals über Kopf zurück zu unseren Eltern.*

...... *Als wir dort ankamen, hob mein Vater die von mir fallen gelassene Taschenlampe auf und leuchtete beim Fenster hinein. Die Spannung war riesig und ich sah meinen Papa wie versteinert an.*

...... *An einem wunderschönen Sommertag waren meine Familie und ich bei Freunden zu Besuch. Wir hatten viel Spaß und die Zeit verging wie im Flug. Nach dem Abendessen überkam uns aber ein wenig die Langeweile.*

...... *Doch plötzlich fing er an zu lachen und sagte: „Gudrun, komm her. Ich zeige dir das fürchterliche Monster!“ Vorsichtig näherte ich mich und schaute hinein. Die Erleichterung war groß, als ich die Katze sah, die hier in dem alten, verfallenen Haus Unterschlupf fand.*

...... *Da hatte Andrea, die Tochter der befreundeten Familie, eine ausgezeichnete Idee. Sie erzählte meinem Bruder Herbert und mir von einem alten, verfallenen Haus, welches ganz in der Nähe war. Obwohl es schon dunkel war, machten wir uns mit Taschenlampen auf den Weg. Als wir das Gebäude erreichten, überkam uns aber ein ungutes Gefühl. Das Haus sah richtig gruselig aus und der Wind schlug immer wieder alte Fensterläden auf und zu.*

...... *„Ein Räuber, ein Monster oder ein Ungeheuer muss sich in dem Gruselhaus verstecken“, erzählten wir sofort unseren Vätern. Sie wollten unseren Schilderungen auf den Grund gehen und machten sich mit uns zurück auf den Weg zur Geistervilla.*

...... *Nach dieser großen Aufregung gingen wir zurück und ließen den Abend noch gemütlich ausklingen.*

C1 Vor dem eigentlichen Schreiben

TIPP

1. Besorge dir einen Zettel: Er wird dein hilfreicher Arbeitsplan zum Schreiben des Textes werden.
2. Notiere wahllos all jene Wörter, die dir im Zusammenhang mit dem Thema einfallen. Es müssen keine ganzen Sätze sein, Stichwörter genügen völlig.
3. Betrachte deine Notizen und versuche durch Nummerierung oder durch Pfeile Ordnung in deine Gedanken zu bringen: Was passt zu einer Einleitung? Was gehört zum Hauptteil oder zum Schluss?

Oftmals hilft hier ein sogenanntes Mindmap: Hierbei handelt es sich um eine grafische Darstellung deiner Gedanken, deiner Stichwörter. In die Mitte schreibst du das Thema deiner Erlebniserzählung und kreisförmig ordnest du weitere Begriffe an, die dir dazu einfallen.

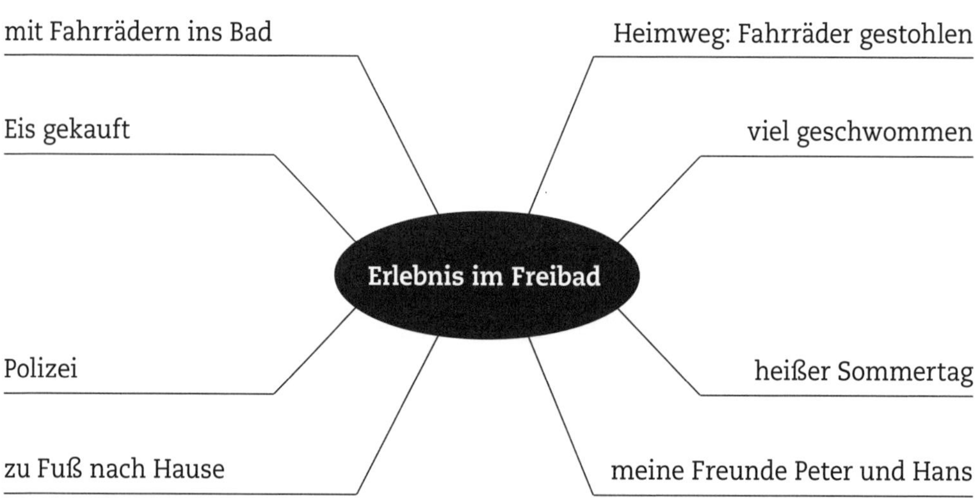

TIPP

4. Lege, bevor du zu schreiben beginnst, bereits den Höhepunkt der Geschichte fest: Was möchtest du genau erzählen? Worüber soll die Leserin/der Leser lachen, wovor sollen sie Angst haben?
5. Erst jetzt bist du bereit, den eigentlichen Text zu beginnen.

C2 Einleitung

Die ersten Sätze einer Geschichte müssen die Leserin bzw. den Leser auf die Geschichte einstimmen und sollen zum Weiterlesen anregen. Du musst hier den Leserinnen und Lesern erklären, was sie wissen müssen, um deine Geschichte zu verstehen.
Nach einer guten Einleitung, die nicht zu lang sein darf, ist man so gefesselt, dass man die Geschichte unbedingt lesen möchte. Neugierde zu erzeugen ist allerdings oft gar nicht leicht.

Folgende **Anfänge** haben sich bewährt: Beginne ...
... mit einer **Zeitangabe**: *An einem schwülen, heißen Sommertag ...*
... mit einer **Ortsangabe**: *Das Unheil begann damit, dass wir uns auf den Stufen vor dem Bahnhofseingang trafen ...*
... mit einer **Angabe über andere nähere Umstände**: *Ich hatte soeben meine Schultasche genommen und nach den Schlüsseln gegriffen, als meine Mutter rief, ob ich ...*
... mit einer **direkten Rede**, einem **Sprichwort** oder einer **Textzeile aus einem Lied**: *„Always look on the bright side of life", pfiff ich gerade, als ich plötzlich einen lauten Knall hörte ...*
... mit der einfachen **Ankündigung eines Ereignisses**: *Die folgenden Zeilen handeln von einer Mutprobe, ...*
... auch einmal ohne besondere Einleitung, mit einem **unmittelbaren Einstieg** in die Geschichte: *Vorsichtig sahen wir uns im Stiegenhaus um. Wir tasteten uns im Schein unserer Taschenlampen ...*

C3 Hauptteil

Dieser Teil deiner Erzählung ist der umfangreichste. Du musst **Schritt für Schritt zum Höhepunkt** kommen und bei der Leserin bzw. beim Leser **Neugierde, Hoffnung, Angst auslösen**. Am **Höhepunkt deiner Geschichte**, also knapp vor der Lösung der Spannung, musst du ganz genau, im **Zeitlupentempo**, berichten.
Schildere Einzelheiten, zB: *Plötzlich spürte ich kalte Zugluft. Ich drehte mich ganz langsam um. Meine Hände schwitzten und tausende Gedanken schwirrten mir durch den Kopf ...*
Schreibe auch in Form der **direkten Rede**, was die Personen sagen, denken, fühlen, hören, zB: *Mein Herz schlug mir bis zum Hals und mein Puls raste. „Beruhige dich", sagte ich zu mir selbst und im gleichen Augenblick sah ich, ...*

C4 Schluss

Die Erlebniserzählung beendest du mit einem kurzen Schluss, der ...
... das **Geschehen nochmals zusammenfasst**.
... über die **Folgen** berichtet.
... eine **Lehre**, ein **Erkenntnis**, einen **Vorsatz** formuliert.
... durchaus auch einmal ein **offenes Ende** ohne besondere Lösung enthält.

104 Bei der folgenden Erlebniserzählung fehlen Hauptteil und Schluss. Lies die Einleitung genau durch und vervollständige die Geschichte. Finde eine passende Überschrift zu deiner Erzählung!

„Es war schon vier Uhr nachmittags und die Temperatur sank deutlich unter den Gefrierpunkt. Wir beschlossen, in der nahen Berghütte noch einen wärmenden Tee zu trinken. Also schlüpften wir in unsere Jacken und Handschuhe, setzten unsere Hauben auf und verließen unser gemütliches Ferienquartier. Mein Freund Peter schlug vor, eine Abkürzung durch den dichten Wald zu nehmen, damit wir früher in der Hütte wären. Alle waren einverstanden. (...)“

105 Hier ist nur der Schluss der Erlebniserzählung vorhanden. Ergänze eine passende Einleitung und einen spannenden Hauptteil. Finde auch hier eine passende Überschrift!
(Sollte dir die Übung nicht leicht fallen, arbeite mit den W-Fragen!)

„(...) Nun ging die Tür tatsächlich auf und ein Lichtstrahl fiel ins Zimmer. Es war meine Mutter, die meine Schreie gehört hatte. Ich fühlte ihre Hand kühl auf meiner Stirn und da wusste ich wieder, dass ich krank war und mit Fieber im Bett lag.“

106 Eine Erlebniserzählung kannst du durch sprachliche Ergänzungen anschaulicher machen. Im folgenden Text sind einige Stellen markiert: Setze von (a) bis (c) die passenden Formulierungshilfen ein. Für (d) bis (g) musst du die passenden Stellen im Text selber suchen und markieren.

Ein toller Fang!

An einem schönen Sonntag lud mich mein Onkel Karl, der begeisterter Angler ist, ein, ihn bei seinem Lieblingssport zu begleiten. (a)

Nach einem Aufstieg entlang des Baches rasteten wir mittags bei einem geeigneten Angelplatz. (b) Als wir unsere Angeln ausgeworfen hatten und auf den Fang warteten, schlief mein Onkel, der vom Wandern sehr müde war, ein. Mich hielt die Abenteuerlust wach. Es dauerte nicht lange, da sah ich es im Strudel weiß aufblitzen und ein großer Fisch schoss in die Höhe. Gleichzeitig spürte ich einen Ruck an meiner Angelschnur: Eine Forelle zischte hin und her und versuchte sich loszureißen. (c) Noch ein letztes Mal versuchte die Forelle, sich mit einem Sprung zu retten. Vergeblich! Ich packte sie und vor Erregung zitterten mir die Knie, als ich meine Beute betrachtete.

In diesem Moment erwachte mein Onkel. Er sprang auf und lief zu mir, um den tollen Fang zu betrachten. „Fantastisch! Da haben wir ja ein Prachtexemplar gefangen!“, rief er. „Wir? Den habe ich ganz allein gefangen, während du geschlafen hast. Aber weil du mir diesen guten Angelplatz gezeigt hast, werden wir ihn gemeinsam verspeisen. Ich lade dich zu meinem ersten selbst gefangenen Fisch ein“, antwortete ich.

(a) Wir packten unsere Sachen und fuhren frühmorgens in ein romantisches Gebirgstal mit tiefen Schluchten.
(b) „Ich denke, hier werden wir sicher einen guten Fang machen. Außerdem sind wir ganz allein. Perfekt, die Fische werden anbeißen!“, meinte mein Onkel Karl.
(c) Nach und nach ermüdeten ihre Bewegungen und ich konnte sie ans Ufer ziehen.

(d) beschwerlichen
(e) des rauschenden Gebirgsbaches
(f) mit festem Griff
(g) vor Begeisterung

C5 Überschrift finden

Eine passende Überschrift zu finden, ist oftmals nicht leicht.

TIPP

1. Die Überschrift soll Lust auf das Lesen der Geschichte machen.
2. Was du in der Überschrift versprichst, muss im Text vorkommen!
3. Verwende einen wichtigen Begriff des Textinhalts in der Überschrift.
4. Sollte dir nicht gleich eine passende Überschrift einfallen, erarbeite zuerst den Text.

107 Kreuze an, ob deiner Meinung nach die folgenden Überschriften gut oder weniger gut gelungen sind.

	gut gelungen	weniger gut gelungen
1. Das war aber lustig!	☐	☐
2. Ein Ferienerlebnis. Abenteuer pur!	☐	☐
3. Da fiel mir ein Stein vom Herzen	☐	☐
4. Zahnarztbesuch	☐	☐
5. Ein Wandertag mit Hindernissen	☐	☐

TEST 14 – Erlebniserzählung

Testdauer: 90 min (für Test A und Test B)

TEST A

Hier findest du Überschriften für eine Erlebniserzählung. Gestalte daraus eine spannende Geschichte. (Denke an die W-Fragen!)

1. Verirrt!

2. Fund am Dachboden

3. Zeltausflug mit der Schule

4. Blutspuren am Wanderweg

TEST B

Versuche aus dem folgenden Zeitungsbericht, der ein Ereignis sehr knapp und nüchtern beschreibt, eine spannende Erlebniserzählung zu schreiben: Markiere zuerst im Bericht mit einem Textmarker all jene Informationen, die du für die Erlebniserzählung brauchst.
Versetze dich dann in die Situation des Piloten und schreibe, ergänzt durch persönliche Gedanken, Gefühle und direkte Reden, eine spannende Geschichte.

Absturz: Segelflugzeug geriet in Hochspannungsleitung
In Linz, Oberösterreich, ist Dienstagnachmittag ein Segelflieger beim Landeanflug abgestürzt. Der Pilot Robert H., 45, aus Steyr und ein Passagier aus Wien wurden beim Aufprall schwer verletzt und mussten mit Hilfe der Feuerwehr aus dem Wrack geschnitten werden. Das Flugzeug dürfte eine Hochspannungsleitung gestreift haben und stürzte knapp vor der Landepiste in eine Wiese. Die Stromleitung wurde zwar beschädigt, jedoch kam es laut Auskunft des Energieversorgungsunternehmens zu keiner Unterbrechung der Stromversorgung.

Key: 718

Zwei Muster-Erlebniserzählungen sind über den QR Code® oder Key abrufbar.

Im Lösungsheft findest du Musteraufsätze zum TEST 14. Vergleiche diese mit deinen Erlebniserzählungen und schätze dann ein, ob dir deine Erlebniserzählungen im Vergleich zu den Musteraufsätzen gelungen sind.

X

KREUZE AN

1	2	3 *	
			1. Ich kann eine Erlebniserzählung schreiben, die tatsächlich möglich ist bzw. die ich wirklich erlebt haben kann.
			2. Ich gebe in meiner Erlebniserzählung allen vorkommenden Personen Namen.
			3. Ich weiß, dass ich wörtliche Reden verwenden soll, sodass die Personen auch direkt im Text sprechen und denken.
			4. Ich kann die Erlebniserzählung im Präteritum (Mitvergangenheit) schreiben.
			5. Ich kann abwechslungsreiche Satzanfänge und passende Ausdrücke (Zeitwörter und Eigenschaftswörter) verwenden.
			6. Ich bin imstande, Überschriften zu formulieren, die zum Weiterlesen anregen.
			7. Ich weiß, dass ich Wortwiederholungen vermeiden muss.
			8. Ich kann die drei Erzählschritte Einleitung – Hauptteil – Schluss durch Absätze voneinander abgrenzen.

* Anmerkung
1 bedeutet: perfekt
2 bedeutet: ausreichend
3 bedeutet: nicht ausreichend

FANTASIEERZÄHLUNG UND NACHERZÄHLUNG

A Fantasieerzählung

Eine Fantasiegeschichte ist im Wesentlichen eine Erlebniserzählung. Der inhaltliche Unterschied besteht darin, dass du von Begebenheiten und Vorfällen erzählst, die du nicht wirklich erlebt haben kannst. Wenn du also das vorige Kapitel 14 „Erlebniserzählung" genau erarbeitet hast, bist du für diese Aufgabe schon sehr gut gerüstet, denn auch hier musst du deine Geschichte in **Einleitung** – **Hauptteil** – **Schluss** gliedern.

Die Fantasieerzählung hat im Vergleich zur Erlebniserzählung den großen Vorteil, dass deinem **Einfallsreichtum** keine Grenzen gesetzt sind: Du kannst von ungewöhnlichen Situationen berichten, die es in der Wirklichkeit nicht gibt, oder auch von unmöglichen Vorkommnissen. Also, lass Pferde mit Außerirdischen sprechen, Katzen Schi fahren oder Menschen in fernste Galaxien reisen!

Wichtig ist allerdings auch bei der Fantasieerzählung, dass du den „roten Faden" deiner Geschichte nicht verlierst: Beachte stets, dass dein Text als Ganzes noch einen Sinn ergibt, auch wenn die Geschehnisse in unserer Welt nicht möglich sein können. Deine Geschichte muss für die Leserin/den Leser nachvollziehbar bleiben.

Beschränke dich beim Schreiben auf ein unwirkliches Ereignis und vermeide eine Aufzählung von Unmöglichkeiten. Schreib im Präteritum (= Mitvergangenheit).

108 Lässt die Überschrift vermuten, dass eine Fantasieerzählung folgt? Kreuze an:

	ja	nein
1. Zwei Streichhölzer auf dem Weg zum Mars		
2. Auto landet in Pool: Totalschaden		
3. Ein Tag im Schlaraffenland		
4. Meine Reiseerlebnisse als Briefmarke		
5. Ein Hund als Lebensretter		
6. Superman rettet die Welt		
7. Das verwundete Eichhörnchen am Rand des Wanderwegs		
8. Gedanken eines Pferdes		
9. Unser altes Gartenhaus erzählt aus seinem Leben		

Zwei Muster-Fantasieerzählungen sind über den QR Code® oder Key abrufbar.

Key: 256

TIPP

Natürlich muss auch eine Fantasiegeschichte fesselnd erzählt sein. Dies gelingt dadurch, dass du

- eine spannende Überschrift findest
- treffende Adjektive und aussagekräftige Verben verwendest
- wörtliche Reden einbaust

109 Folgender Beginn einer Fantasiegeschichte ist recht gut gelungen. Lies dir den Text durch und ergänze Hauptteil und Schluss. Gib der Geschichte danach eine Überschrift.

Als ich heute am späten Nachmittag ins Internet einstieg, öffnete mein Browser selbsttätig eine Seite, die ich in meinem Leben noch nie gesehen hatte: Aus dem Lautsprecher drang angenehme Hintergrundmusik und am Bildschirm sah ich ein mit bunten, lustigen Farben bemaltes Eingangstor. Da ich eigentlich für mein Referat im Biologieunterricht recherchieren wollte und ich anfänglich an einen Computerfehler dachte, wollte ich das seltsame Internetfenster schließen. Ich fuhr mit der Maus zum rechten oberen Rand am Bildschirm und dürfte dabei mit dem Anzeiger über das stilisierte Tor gefahren sein, denn plötzlich verwandelte sich mein Zimmer in einen bunten Raum.

TIPP

Besonders lebendig wird dein Text, wenn du ihn in der Ichform schreibst. Formuliere deine Geschichte so, als ob du die Situation selbst erlebt hättest.

110 Auch aus Reizwortgeschichten (siehe Kapitel „Erzählen nach Schreibimpulsen", Seite 134) können Fantasieerzählungen werden: Lass bei den Wörtern „Langeweile – Chemiebaukasten – Reise in die Vergangenheit" deinen Ideen freien Lauf und entführe deine Leserin/deinen Leser in eine neue Dimension.

111 Auch ein Bildimpuls kann deine Fantasie beflügeln und dich zu einer fantastischen Erzählung anregen: Überlege, wie du die unten abgebildete Figur nach einer kurzen Einleitung in deinen Text einbauen kannst.

Schreibe eine Fantasieerzählung, in der du berichtest, was du mit dem dargestellten Wesen erlebt hast.

Als Hilfe kannst du dir vor dem Schreiben folgende Fragen überlegen: Wie und wo habe ich die Figur getroffen? Was kann sie Besonderes? Welche Eigenschaften hat sie? Was kannst du von ihr lernen? Wobei hat sie dir geholfen? Werdet ihr euch wiedersehen?

B Nacherzählung

Im Gegensatz zur Erlebnis- oder Fanatsieerzählung erfindest du hier keine Geschichte. Deine Aufgabe ist es, einen Text mit eigenen Worten so genau wie möglich wiederzugeben: Du darfst also nichts Wichtiges weglassen und auch nichts Neues hinzuerfinden.

Besonders aufpassen musst du, dass du alles, was für das Verständnis wichtig ist, in der richtigen Reihenfolge des Originaltextes erzählst.

112 Lies dir folgende Fabel mehrmals genau durch und beantworte im Anschluss die Fragen, ohne im Text nachzusehen.

Der Löwe und das Mäuschen
Ein Mäuschen lief über einen schlafenden Löwen. Der Löwe erwachte und ergriff es mit seinen gewaltigen Tatzen. „Verzeihe mir meine Unvorsichtigkeit", flehte das Mäuschen, „und schenke mir mein Leben. Ich will dir ewig dafür dankbar sein. Ich habe dich nicht stören wollen." Großmütig schenkte er ihm die Freiheit und sagte lächelnd zu sich, wie wohl ein Mäuschen einem Löwen dankbar sein wolle.

Kurze Zeit darauf hörte das Mäuschen in seinem Loch das fürchterliche Gebrüll eines Löwen, lief neugierig dahin, von wo der Schall kam, und fand ihren Wohltäter in einem Netz gefangen. Sogleich eilte sie herzu und zernagte einige Knoten des Netzes, so dass der Löwe mit seinen Tatzen das übrige zerreißen konnte. So vergalt das Mäuschen die ihm erwiesene Großmut.

Nach Äsop

Der Text stammt vom berühmten griechischen Fabeldichter Äsop, der etwa 600 v. Chr. lebte. Seine Fabeln sind kurze Erzählungen, die die Leserin/den Leser belehren sollen. Oftmals treten in diesen Texten Tiere auf, die wie Menschen handeln und auch sprechen können. Anhand ihrer Eigenschaften und Schwächen soll die Leserin/der Leser erkennen, wie man sich richtig und verantwortungsvoll verhalten soll.

1. Welche Tiere treten in der Fabel auf?

____

2. Zerlege den Text in Erzählabschnitte und schreibe in Stichwörtern Schritt für Schritt auf, was in der Fabel genau passiert. Als Hilfe sind bereits drei Erzählabschnitte angegeben. Ergänze die fehlenden:

a. Mäuschen weckt schlafenden Löwen

b. ______________________________

c. Löwe schenkt Mäuschen das Leben

d. ______________________________

e. Löwe in Netz gefangen

f. ______________________________

3. Formuliere eine direkte Rede, was sich der Löwe dachte, als er dem Mäuschen das Leben schenkte.

„______________________________"

4. Was kannst du von dieser Geschichte lernen?

____

113 Zerlege folgenden, ohne Absätze verfassten Text in vier Erzählabschnitte.

Die Post bringt jedem was

Einst empfing ein Mann in Tirol einen Brief von seinem Freund aus Deutschland. Da der Absender vergessen hatte, eine Briefmarke auf das Kuvert zu kleben, musste der Empfänger hohes Strafporto bezahlen. Als als er dann den Brief öffnete, fand er einen Zettel, auf dem bloß stand: „Es geht mir gut!“ Der Mann in Tirol lachte über die Botschaft und schickte noch am selben Tag ein großes Paket an seinen Freund in Deutschland. Er klebte ebenfalls keine Marken auf die Postsendung. Der Freund in Deutschland zahlte nun auch eine hohe Strafe, als er das Paket, das außergewöhnlich groß und schwer war, annahm. Er hoffte aufgrund der Größe und des Gewichts auf einen besonders wertvollen Inhalt. Als der Mann in Deutschland das Paket öffnete, staunte er nicht schlecht, denn er fand darin einen großen, schweren Stein und einen Zettel mit folgenden Worten: „Bei deiner Nachricht, dass es dir gut geht, fiel mir beiliegender Stein vom Herzen!“

Aus folgenden Erzählabschnitten besteht die Geschichte:

1. ....

....

2. ....

....

3. ....

....

4. ....

....

114 Schreibe nun je eine Nacherzählung der Fabel „Der Löwe und das Mäuschen“ und der Geschichte „Die Post bringt jedem was“.

Die einzelnen Erzählabschnitte, die du in den Übungen zuvor erarbeitet hast, werden dir helfen, dass du nichts Wesentliches vergisst.

Vergleiche im Anschluss deine Versionen mit den Originaltexten.

X

KREUZE AN – FANTASIEERZÄHLUNG

1	2	3 *	
			1. Ich kann eine Geschichte frei nach meiner Fantasie zu einer unwirklichen Situation schreiben, aber auch vermeiden, dass meine Geschichte eine bloße Aufzählung von unmöglichen Vorkommnissen ist.
			2. Ich kann meine Fantasieerzählung nach Einleitung – Hauptteil – Schluss aufbauen.
			3. Ich verwende bei der Fantasieerzählung das Präteritum (= Mitvergangenheit).
			4. Mir gelingt es, einen lebendigen Text zu schreiben, indem ich in der Ichform schreibe: Ich kann meine Geschichte so formulieren, als ob ich die Situation selbst erlebt hätte.
			5. Ich kann eine spannende Überschrift finden, die meine Geschichte perfekt abrundet.

X

KREUZE AN – NACHERZÄHLUNG

1	2	3 *	
			1. Ich bin fähig, mit meiner Nacherzählung den Inhalt einer Geschichte sinngemäß wiederzugeben.
			2. Ich kann den Textsinn in eigenen Worten formulieren und schreibe keine Sätze aus dem Originaltext ab.
			3. Ich kann den Inhalt in der richtigen Reihenfolge erzählen.
			4. Ich weiß, dass ich bei meiner Nacherzählung als Erzählzeit das Präteritum (= Mitvergangenheit) verwenden muss.
			5. Ich bin mir bewusst, dass ich bei der Nacherzählung keine neuen Inhalte erfinden darf.
			6. Ich kann meine Nacherzählungen kürzer als das Original schreiben.
			7. Ich verwende wörtliche Reden.

* Anmerkung
1 bedeutet: perfekt – bei allen Übungsaufgaben richtig
2 bedeutet: ausreichend – bei mehr als der Hälfte der Übungsaufgaben richtig
3 bedeutet: nicht ausreichend – bei weniger als der Hälfte der Aufgaben richtig

ERZÄHLEN NACH SCHREIBIMPULSEN

A Erzählkerne ausbauen

Der Erzählkern einer Geschichte enthält in sehr knapper Form den Verlauf des Geschehens und gibt den Stoff der Geschichte wieder. Je nachdem, wie der Erzählkern gestaltet ist, kannst du dann daraus eine lustige, spannende oder traurige Geschichte basteln.

Um aus dem Erzählkern eine längere, ausführlichere Geschichte zu machen, empfiehlt es sich, sogenannte Erzählabschnitte, wie im Kapitel Nacherzählung bereits geübt, zu finden: Überlege dir eine zeitliche Reihenfolge der Abschnitte, in der du dann die Geschichte aufbauen möchtest.
Hier findest du ein Beispiel für einen Erzählkern und die entsprechenden zeitlich geordneten Handlungsschritte:

- **Erzählkern**
  Dem raschen Einsatz der Wasserpolizei ist es zu verdanken, dass drei Jugendliche im Alter zwischen 12 und 14 Jahren aus der Donau gerettet wurden. Sie wollten mit einem selbst gebastelten Floß den Fluss überqueren, übersahen dabei aber das schnell aufziehende starke Gewitter. Alle drei wurden gerettet, das Floß sank.

- **zeitlich geordnete Handlungsschritte**
  1. Drei Jugendliche basteln Floß
  2. Idee, es an heißem Sommertag an der Donau auszuprobieren
  3. Ausfahrt gelingt – Floß schwimmfähig
  4. Gewitterwolken übersehen
  5. in Seenot geraten
  6. Rettung der Jugendlichen mit Booten der Wasserpolizei
  7. Floß gesunken

Jetzt hast du bereits eine passende Gliederung deiner Geschichte. Um sie lebendiger und dramatischer/lustiger/spannender als den Erzählkern zu gestalten, kannst du kleine Ideen einbringen: Sie sollen den Inhalt verdeutlichen. Stell dir die Geschehnisse genau vor und achte auf die Verwendung von passenden Adjektiven, zB *das eiskalte Wasser, die schweren Gewitterwolken, das aufgepeitschte Wasser.*

115 Folgende Punkte, die deine Geschichte lebendiger machen, können bei den Handlungsschritten auf Seite 134 ergänzt werden. Ordne die Ideen den jeweiligen Schritten richtig zu:

a) mit Handy Wasserpolizei verständigt

b) Floß nach Anleitung aus Internet gebastelt

c) Sturmböen peitschten eiskaltes Wasser über Floß

d) geeignete Stelle zum Wassern des Floßes bei Badestrand gefunden

e) Jugendliche klammerten sich am nassen Floß fest

f) brauchbares Material für das Floß aus der Sperrmüllsammlung

g) panische Hilferufe

h) dramatische Rettung mit Seilen und Schwimmwesten

i) mehrmaliger Versuch, das Floß in Fluten zu stabilisieren

116 Gliedere den folgenden Erzählkern nach zeitlich aufeinanderfolgenden Erzählschritten. Ergänze Ideen, die die Geschichte lebendiger machen.

Dieb steckte fest

Ein dreister Dieb in Hallein/Salzburg hat eine ganze Nacht zwangsweise im Kamin verbracht. Wie die Landespolizeidirektion Salzburg mitteilte, wollte Josef H. (35) über den Kamin in das Einfamilienhaus einsteigen. Nach etwa zwei Meter blieb der Verbrecher stecken, da sich der Kamin an dieser Stelle verengte. Die Feuerwehr befreite ihn aus der misslichen Lage.

TIPP

Wenn du deinen Schreibprozess sehr gut organisieren möchtest, schreibe jeden Handlungsschritt auf einen kleinen Zettel. So kannst du die Schritte jederzeit schnell ordnen und auf den Zetteln deine eigenen Ideen ergänzen.

117 „Dieb steckte fest" – Gestalte die Handlungsschritte und deine Ergänzungen zu einer ausführlichen Geschichte und erfinde am Schluss eine neue Überschrift.

TIPP

Beginne deine Erzählung mit einer wörtlichen Rede! Das erleichtert den Einstieg und macht Lust aufs Lesen!

B Reizwortgeschichten

Bei dieser Aufgabe sind verschiedene Wörter vorgegeben, die dich zu einer Geschichte „reizen“, also anregen sollen. Du sollst mit viel Fantasie diese Wörter in deine Geschichte einbauen und einen spannenden, einen lustigen oder einen amüsanten Text schreiben. Wie du also die Leserin/den Leser unterhalten möchtest, entscheidest du!

BEISPIEL Bergtour – Unwetter – Hütte – Feuer

Die Reihenfolge, wie die Reizwörter in deinem Text vorkommen, kannst du selbst bestimmen. Wichtig ist nur, dass sie alle in der Geschichte zu finden sind.

Bevor du zu schreiben beginnst, musst du – ähnlich wie bei der Erlebniserzählung – eine sinnvolle Geschichte erfinden. Du musst dir also ein Konzept machen: Überlege dir gleich jetzt, wie du unterhalten möchtest bzw. wie dein Text gestaltet sein soll:

a) aufregende, spannende und dramatische Geschichte ☐
b) lustige Geschichte ☐
c) traurige Geschichte ☐
d) skurrile (= sonderbare, eigenwillige) Geschichte ☐
e) Geschichte mit Happy End ☐
f) Geschichte mit einer überraschenden Wende ☐
g) Geschichte mit offenem Ende ☐
h) Geschichte mit einem überraschenden Ende ☐

118 Überlege dir zu den Reizwörtern „Bergtour – Unwetter – Hütte – Feuer“ ein Konzept deiner Geschichte und kreuze in der obigen Liste an, wie du deine Geschichte gestalten möchtest. (Anmerkung: Sinnvolle Mehrfachnennungen sind möglich, zB *lustige Geschichte* und *Geschichte mit einer überraschenden Wende*). Formuliere auf einem Blatt Papier in Stichwörtern dein Grobkonzept der Geschichte.

TIPP

Achte darauf, dass du für die Konzeptidee deiner Geschichte sieben bis maximal zehn Minuten benötigst. Längeres Nachdenken vermindert deine Zeit zum Schreiben und Überarbeiten, was speziell bei Schularbeiten zum Problem werden könnte!

Auch die Reizwortgeschichte setzt sich aus **Einleitung**, **Hauptteil** und **Schluss** zusammen:

- Die **Einleitung** muss die notwendigen **Vorinformationen** enthalten, die man benötigt, um die Geschichte zu verstehen. Vor allem die Klärung der **W-Fragen** (siehe auch Kapitel Erlebniserzählung, Seite 120) ist bedeutsam.
- Im **Hauptteil** musst du ausführlich erzählen und die **Konzeptidee**, die du dir überlegt hast, **ausführen**. Vergiss hier nicht auf passende Adjektive (= Eigenschaftswörter) und wörtliche Reden!
- Den **Abschluss der Geschichte** bildet ein zusammenfassender Schlusssatz oder eine **Moral der Geschichte** (= was kann ich von dem Text, von den Handlungen oder von den Figuren lernen?).

Vergiss nicht, der Geschichte eine passende Überschrift zu geben.

119 Zu den Reizwörtern „Torte – Geburtstag – Gelächter“ wurde folgende Geschichte geschrieben. Aber die Reizwörter fehlen! Setze sie an den fehlenden Stellen richtig ein! Erfinde eine passende Überschrift.

Zu meinem neunten ________________ hatten meine Eltern unsere Familie zu Kaffee und Kuchen eingeladen. Alle waren gekommen: Großeltern, Neffen, Nichten und sogar mein Onkel aus Salzburg. Da wir eine große Gesellschaft waren, hatte meine Mutter eine ________________ bei unserem Konditor bestellt.

Als die ________________ serviert wurde, reckten alle den Hals und bewunderten die schön verzierte ________________. Plötzlich brach großes ________________ aus. Mein Onkel stand auf und hielt eine Rede. Er sagte: „Hochverehrter Herr Jubilar! Da Sie heute Ihren 90. ________________ feiern, beglückwünschen wir Sie alle recht herzlich. Wir hoffen, dass Sie noch lange so gesund bleiben, und freuen uns schon, mit Ihnen in zehn Jahren Ihr 100. Wiegenfest feiern zu können.“ Dann lachten alle hellauf. Zuerst wusste ich gar nicht, was das alles bedeuten sollte, doch ein genauer Blick auf die Verzierung der ________________ verriet mir den Hintergrund. Der Konditor hatte sich geirrt und mit Zuckerguss auf meine ________________: „Alles Gute zum 90. ________________“ geschrieben, statt zum 9. ________________.

Der kleine Irrtum verhinderte aber nicht, dass alle den Geschmack der ________________ lobten und kein Stück übrig blieb.

120 Schreibe zu folgenden Reizwörtern je eine Geschichte: **Eine Muster-Reizwortgeschichte ist über den QR Code® oder Key abrufbar.**

Key: 810

1. Wasserschildkröte – Behälter leer – traurig – Pool
2. Winterurlaub – Sesselliftfahrt – knapp vor Betriebsschluss – Rettung mit Seil
3. Radausflug – Sturz – Krankenhaus

X TEST 15 – Erzählen nach Schreibimpulsen

Testdauer: 10 min

Kreuze an, ob die Aussagen richtig (R) oder falsch (F) sind:

	R	F
1. Die Reihenfolge der Reizwörter kann vertauscht werden.		
2. Dem Erzählkern kann ich eigene Ideen hinzufügen, solange ich dadurch nicht vom vorgegebenen Erzählziel abweiche.		
3. Den Erzählkern zerlege ich zuerst in Handlungsschritte, dabei ist die zeitliche Reihenfolge der Erzählschritte nicht wichtig.		
4. Sowohl die Reizwortgeschichte als auch die Geschichte rund um den Erzählkern schreibe ich immer im Präsens (= Gegenwart).		
5. Wörtliche Reden sind bei beiden Textsorten ein guter Einstieg.		
6. Bei der Reizwortgeschichte brauche ich mir anfänglich keine Gedanken zum Konzept der Geschichte zu machen. Am Schluss ist ohnehin klar, ob die Geschichte traurig oder lustig ist.		
7. Passende Adjektive machen einen Aufsatz nicht attraktiver.		

Wenn du von den sieben Fragen fünf oder mehr richtig beantwortet hast, kannst du zufrieden sein. Bei weniger als fünf richtigen Antworten solltest du dir die Seiten 134 bis 137 noch einmal ansehen.

KREUZE AN – ERZÄHLKERN AUSBAUEN

X 1	2	3*	
			1. Ich kann den Kern in zeitlich folgende Handlungsschritte gliedern.
			2. Ich bin imstande, die Schritte durch lebendige/spannende/lustige Ideen zu ergänzen.
			3. Ich weiß, dass meine Ergänzungen aber nicht vom Erzählziel abweichen dürfen, und erfinde nichts dazu, das den Sinn des Erzählkerns komplett verändert.
			4. Ich weiß, dass ich als Erzählzeit das Präteritum (= Mitvergangenheit) verwenden muss.
			5. Ich kann in meiner Erzählung passende Adjektive (= Eigenschaftswörter) verwenden.

KREUZE AN – REIZWORTGESCHICHTE

X 1	2	3*	
			1. Ich kann mir zu den vorgegebenen Reizwörtern eine sinnvolle Geschichte überlegen.
			2. Ich bin fähig, eine Konzeptidee zu entwickeln, welche Art von Geschichte ich schreiben möchte: lustig, traurig, spannend, skurril, …
			3. Ich kann nach dem bekannten Schema Einleitung – Hauptteil – Schluss schreiben.
			4. Ich weiß, dass ich als Erzählzeit das Präteritum (= Mitvergangenheit) verwenden muss.

* Anmerkung
1 bedeutet: perfekt – bei allen Übungsaufgaben richtig
2 bedeutet: ausreichend – bei mehr als der Hälfte der Übungsaufgaben richtig
3 bedeutet: nicht ausreichend – bei weniger als der Hälfte der Aufgaben richtig

ERZÄHLEN NACH BILDERN

Bei einer Bildgeschichte hat eine Zeichnerin/ein Zeichner wesentliche Ausschnitte einer Handlung grafisch dargestellt: Das heißt, du musst dir nicht wie bei einer Erlebniserzählung eine Geschichte selbst ausdenken, sondern den Kern der Erzählung liefern dir die Bilder. Deine Aufgabe ist es, die Bilder genau zu betrachten, zu überlegen, welche Handlung erzählt wird und diese dann zu verschriftlichen.

Die Schwierigkeit beim Schreiben dieser Geschichten besteht darin, dass du auf Bildern vieles auf einmal siehst. Durch das Fernsehen oder durch das Betrachten von Zeitschriften sind wir gewöhnt, sehr viele Informationen durch Bilder gleichzeitig aufzunehmen. Beim schriftlichen Erzählen ist es ein bisschen anders: Unsere Sprache ermöglicht es uns, Spannung aufzubauen, kleine Details der Bilder genau zu schildern und so die Handlung spannend Schritt für Schritt zu erzählen.

121 Schau genau! Betrachte als Übung vor dem Schreiben einer Bildgeschichte die nachfolgende Zeichnung: Was kannst du alles erkennen?

Achte auch besonders auf die Körperbewegungen (Gestik) und die Gesichtsausdrücke (Mimik) der Figuren: Hier ist oft erkennbar, was in den Figuren vorgeht.

Lege eine Liste an und schreib alles auf, was du siehst.

A Der Beginn einer Bildgeschichte

Bevor du die Bildgeschichte zu schreiben beginnst, musst du folgende Schritte beachten:

SCHRITT 1: Betrachte, wie bei der Vorübung, alle Bilder genau und achte auf die Details. Markiere eventuell Besonderheiten (auch Mimik und Gestik der Figuren!) mit Bleistift direkt auf den Bildern. Formuliere zu jedem Bild eine Aussage: Was ist hier zu sehen? Was geschieht auf dem Bild?

SCHRITT 2: Wie bei jeder Erzählung muss die Leserin/der Leser von Anfang an verstehen, was geschehen ist. Erinnerst du dich an die W-Fragen? Genau, die musst du beantworten:

Wer? – Gib den dargestellten Personen passende Namen oder Bezeichnungen (wie Mutter, Sohn, Opa …)

Wo? – Gib nähere Angaben zu dem Ort, an dem die Geschichte spielt.

Was? – Welche Handlungen sind besonders wichtig, die du dann sprachlich ausformulieren musst?

Wie? – Welche näheren Umstände sind für das Geschehen wichtig? Was muss die Leserin/der Leser wissen?

Denn bedenke immer: Jene Personen, die deine Bildgeschichte lesen, kennen die Bilder nicht und müssen die Story verstehen, die zeichnerisch dargestellt wurde!

SCHRITT 3: Überlege, wie die einzelnen Bilder zu einer Geschichte verbunden werden können: Hier musst du Übergänge zwischen den Bildern finden und erzählen, was zwischen den Zeichnungen nicht zu sehen ist.

122 Schau dir die nachfolgende Bildgeschichte an. Arbeite nun die drei Schritte zum „Beginn einer Bildgeschichte" sorgfältig durch:

SCHRITT 1: Betrachte die Bilder genau, markiere Besonderheiten auf den Zeichnungen und formuliere zu jedem Bild eine Aussage.

Besonderheit Bild 1: ....

Aussage zu Bild 1: ....

Besonderheit Bild 2: ....

Aussage zu Bild 2: ....

Besonderheit Bild 3: ....

Aussage zu Bild 3: ....

SCHRITT 2: Beantworte die W-Fragen!
Versuche auch gleich den Angaben passende Eigenschaftswörter zuzuordnen! Beachte Mimik und Gestik der Figuren! Das macht später deine Geschichte lebendiger.

BEISPIEL der **kleine** Sohn Peter, der **wütende** Onkel Franz, die **tollpatschige** Freundin Simone, an einem **heißen** Sommertag im Freibad ...

WER? ....

WO? ....

WAS? ....

WIE? ....

SCHRITT 3: Schreibe stichwortartig ein paar Gedanken auf, wie die Bilder verbunden werden können.

BEISPIEL

Zwischen Bild 1 und Bild 2: ....

....

Zwischen Bild 2 und Bild 3: ....

....

....

Schreiben der Bildgeschichte

Regel 1: Verwende beim Erzählen das Präteritum (Mitvergangenheit)!
Papa ***ging*** *…, Felix* ***trug*** *…* usw.

Regel 2: Vergiss nicht, direkte Reden einzubauen! Das macht deine Geschichte lebendiger!
Anton schrie mir zu: „Hilf mir bitte, ich komme nicht mehr heraus!“
„Ist dir nicht kalt?“, fragte mich meine besorgte Mutter.

Du kannst deine Bildgeschichte auch mit einer direkten Rede beginnen! Das wirkt sehr spontan und animiert zum Weiterlesen.

Regel 3: Erinnere dich nochmals an Gestik und Mimik der gezeichneten Figuren. Beim Schreiben der Geschichte musst du die Vorgänge, die du bei einer Figur siehst, ausformulieren:
Peter freute sich über …

Du kannst aber auch schreiben, wie die Figur die Gefühle zeigt:
Begeistert riss Peter die Hände in die Höhe, so sehr freute er sich über …

Regel 4: Achte darauf, dass die Bildfolge einer Erzählung passt: Beginne mit dem ersten Bild und ende mit dem letzten.

B Der Spannungsbogen einer Bildgeschichte

Mit deinem Text zur Bildgeschichte musst du die Leserin/den Leser langsam (Bild 1 bis 4) zum Höhepunkt (Bild 5) hinführen. Erzähle schrittweise, was du siehst, was die Figuren denken, fühlen und was die beiden miteinander sprechen könnten. Beachte, wie schon in den Vorübungen geprobt, die Mimik und Gestik der Figuren.

Mit Bild 5 hat die Geschichte ihren Höhepunkt erreicht: *„Hurra, endlich hat ein Fisch angebissen. Das lange Warten hat sich gelohnt"*, denkt Vater. Aber er wird gleich sehen, was er aus dem See fischt …

Der Höhepunkt, der ausführlich und spannend erzählt werden muss, ist gleichzeitig der Wendepunkt der Geschichte. Lass dir bei Bild 5 Zeit, schalte auf erzählerische Zeitlupe und beschreibe die Situation ausführlich: Hier sollst du im Vergleich zu den anderen Bildern die meisten Zeilen schreiben, denn bei dieser Art des Erzählens beschreibst du einen Augenblick/eine Handlung, die nur kurz dauert, sehr datailliert.

BEISPIEL *Der Fußballspieler setzt zum Schuss auf das Tor an. Mit angestrengtem, hoch konzentriertem Blick trifft der Sportler den Ball, der eine kleine Staubwolke hinterlässt, als er vom Spielfeld abhebt. Teile des Rasens fliegen auch durch die Luft …*

Nach dem Höhepunkt kommt meist sehr plötzlich das Ende der Geschichte. Es kann traurig, lustig, überraschend, nachdenklich sein. Die Zeichnerin/der Zeichner möchte oft mit dem letzten Bild zum Nachdenken anregen, sie/er möchte dir eine Botschaft vermitteln.

Wenn du willst, kannst du die Geschichte auch aus Sicht einer dargestellten Figur erzählen. Versetze dich in ihre Lage und erzähle aus diesem Blickwinkel!
Finde eine passende Überschrift, die Spannung erzeugt, aber nicht allzu viel von der Handlung verrät!

123 Analysiere die Bildgeschichte von Seite 144 mit den folgenden Fragen:

1. Was geschieht auf den Bildern 1 bis 4?

2. Eigentlich fehlt vor Bild 1 eine kleine Vorgeschichte: Wie könnte diese aussehen? Beschreibe mit ein bis zwei Sätzen, was Vater und Sohn vorher erlebt haben.

3. Wie verändert sich die Mimik (Gesichtsausdruck) des Vaters in Bild 1 und 2 im Vergleich zu Bild 5 und 6? Was könnte er denken und fühlen?

4. Bild 5 stellt den Höhenpunkt der Geschichte dar: Warum?

5. Was ist die Botschaft in Bild 6?

6. Wie könnte die Geschichte ausgehen? Was machen nun Vater und Sohn, nachdem keine Fische angebissen haben?

X TEST 16 – Erzählen nach Bildern

Testdauer: 20 min

Lies nachfolgenden Text zur Bildgeschichte und kreuze im Anschluss an, ob die Aussagen auf der rechten Seite richtig (R) oder falsch (F) sind!

Das spannende Buch

„Das Mittagessen duftet aber herrlich. Wo ist denn unser Sohn Ferdinand schon wieder?", wollte Herr Huber von seiner Frau wissen, als er sich nach einem anstrengenden Arbeitstag gemütlich zum Tisch setzte. „Ferdinand ist in seinem Zimmer, er hat heute ein neues Buch aus der Schulbibliothek mitgenommen. Ich habe ihn ohnehin schon gerufen", antwortete Frau Huber. Der Vater stand auf und ging in das Zimmer von Ferdinand. „Mein Sohn, das Essen ist fertig! Mutter hat dich schon dreimal gerufen! Hör jetzt sofort auf zu lesen und komm endlich, bevor die Knödel kalt werden!", befahl Vater. Ferdinand stand auf und machte sich auf den Weg in die Küche. Vater Huber wollte ihm gleich folgen, hatte er doch riesigen Hunger. Aber bevor er das Kinderzimmer verließ, machte er noch einen Blick in Ferdinands neues Buch. „Ah, sehr interessant …", dachte Vater. In der Zwischenzeit hatten Mutter Huber und Sohn Ferdinand am Mittagstisch Platz genommen und wollten zu essen beginnen. Nur einer fehlte. „Papa, wo bist du denn? Wir warten schon auf dich!", rief Ferdinand in Richtung Kinderzimmer. „Geh, hol deinen Vater!", bat Frau Huber ihren Sohn. „Typisch, ich muss immer gleich folgen, nur auf Papa muss man auch immer warten", dachte Ferdinand etwas wütend auf dem Weg in sein Kinderzimmer. Als er die Türe öffnete, sah er, wie Vater vor dem neuen Buch aus der Schulbibliothek lag und vertieft darin las.

	R	F
1. Die Überschrift ist gelungen und animiert zum Weiterlesen. Hast du eine bessere Idee? Mein Vorschlag:	☐	☐
2. Die Einleitung der Bildgeschichte kann mit einer direkten Rede beginnen.	☐	☐
3. Eine solche Einleitung regt zum Weiterlesen an.	☐	☐
4. Die Erzählreihenfolge der Bilder ist eingehalten worden.	☐	☐
5. Alle Figuren haben Namen bekommen.	☐	☐
6. Gedanken und Gefühle der Figuren wurden wiedergegeben.	☐	☐
7. Der Autor hat auf Mimik und Gestik der dargestellten Figuren geachtet. Könnte man hier noch Verbesserungen anbringen? Markiere jene Gesichtsausdrücke und Körperbewegungen direkt auf den Bildern, wenn du glaubst, die hätte man im Text besser herausarbeiten können.	☐	☐
8. Das Präteritum, das als Zeitform verwendet wurde, ist die richtige Erzählzeit.	☐	☐
9. Die Geschichte wurde durch Absätze gegliedert. (Bring eventuelle Gliederungsvorschläge direkt im Text an.)	☐	☐

10. Findest du den Schluss passend?

☐ Genau richtig ☐ zu kurz

Vergleiche deine Lösungen mit jenen im Lösungsheft.

Wenn du von den neun Fragen sechs oder mehr richtige Antworten gegeben hast, kannst du zufrieden sein. Bei weniger als sechs richtigen Antworten solltest du dir die Seiten 140 bis 145 noch einmal ansehen.

X

KREUZE AN

1	2	3 *	
			1. Ich weiß, dass ich die Bilder genau betrachten und speziell auf Mimik und Gestik der Figuren achten muss.
			2. Ich kenne die W-Fragen und beantworte sie ausführlich.
			3. Ich kann den Figuren Namen und passende Eigenschaften zuordnen.
			4. Ich verstehe es, wörtliche Reden zu verwenden.
			5. Ich kann meine Bildgeschichte so schreiben, dass jede Leserin und jeder Leser den Sinn der Geschichte versteht, auch wenn sie/er die Bilder nicht kennt!
			6. Ich weiß, dass ich als Erzählzeit das Präteritum (= Mitvergangenheit) verwenden muss.
			7. Ich bin imstande, eventuell eine ganz kurze Vor- und Nachgeschichte zu erfinden, die zeichnerisch nicht dargestellt ist, um folgende Fragen zu beantworten: Wie ist es zur dargestellten Situation gekommen? Wie geht die Geschichte aus?

* Anmerkung
1 bedeutet: perfekt – bei allen Übungsaufgaben richtig
2 bedeutet: ausreichend – bei mehr als der Hälfte der Übungsaufgaben richtig
3 bedeutet: nicht ausreichend – bei weniger als der Hälfte der Aufgaben richtig

STECKBRIEF/ PERSONEN BESCHREIBEN

A Steckbrief

Wenn du eine Person beschreiben sollst, dann musst du einen sachlichen Text schreiben: Alle sichtbaren Merkmale, damit sind Größe, Alter, Körperbau, Kleidung und besondere Merkmale gemeint, sind zu beschreiben.

124 Stell dich vor einen großen Spiegel und trage alle deine sichtbaren Merkmale in die Liste ein. Unterstreiche unten bei „Mein Körperbau/Meine Figur" und „Meine Kleidung" deine Merkmale. Erstelle einen sogenannten Steckbrief:

Mein Gesicht

- Haare/Haarfarbe:
  struppig, blond, frisch gewaschen, schulterlang, sauber, glatt, brünett, lockig, abstehend, gebürstet, glänzend, dunkelbraun, tiefschwarz, braune Haare ...
- Frisur:
  Stehfrisur, Dauerwelle, Locken, Gelfrisur, kurz geschnitten, Glatze ...
- Kopf/Kopfform:
  oval, klein, rundlich, groß, kantig, knochig ...
- Augenfarbe:
- Nase:
  spitz, lang, groß, rundlich ...
- Brillenträgerin/Brillenträger: ☐ nein, ☐ ja
  Wenn ja, kurze Beschreibung der Brille:
  modisch, rund, eckig, rote Brillenbügel mit Aufdruck des Namens der Herstellerfirma, aus Plastik, Metallfassung, geputzt, schmutzige Brillengläser ...

Mein Körperbau/Meine Figur

sportlich, athletisch, mollig, stämmig, schön, muskulös, kräftig, zart, zierlich, knochig, hager, gut aussehend ...

Meine Kleidung

sportlich, modisch, elegant, kariert, gestreift, alt, eng, weit, unmodern, einfach, hell, dunkel, sauber, gebügelt, verdrückt, ungepflegt, verwaschen ...

Natürlich kannst du hier auch ein wenig ins Detail gehen und deine sichtbaren Kleidungsstücke beschreiben:
blaues T-Shirt mit Aufdruck, karierte Bluse, schwarze Jeans mit Gürtel, gestreiftes Hemd, Bermudashorts, Bundfaltenhose, Faltenrock, Kostüm, dunkler Anzug mit Krawatte, Poloshirt ...

Allgemeine Angaben zu meiner Person

- Geschlecht: ....

- Größe:
  1,60 m, 1 Meter und 50 Zentimeter, etwa 1,40 m, für mein Alter durchaus groß, überdurchschnittlich groß, kleiner als Gleichaltrige …

  ....

- Alter:
  elf Jahre alt, ein 12-jähriger Bub, jugendlich, um die zehn …

- Besondere Merkmale:
  kleines Muttermal an der Wange, Narbe am linken Unterarm, Sommersprossen …

  ....

Bis jetzt hast du dein Aussehen, deine sichtbaren Merkmale beschrieben. Um allerdings einen umfassenden Steckbrief zu erhalten, musst du noch ein paar persönliche Dinge, die man dir nicht ansieht, ergänzen. Und zwar:

- Adresse und Wohnort: ....
- Geburtstag und Geburtsort: ....
- Name und Beruf der Mutter: ....
- Name und Beruf des Vaters: ....
- evtl. Namen der Geschwister: ....
- Staatsbürgerschaft: ....
- Hobbys: ....
- Vorlieben (Lieblingsspeise, Lieblingsfarbe, Lieblingsfach usw.)

  ....

  ....

B Personenbeschreibung

Hallo, darf ich mich vorstellen?

Mein Name ist Peter und ich bin für einen elfjährigen Buben sehr groß gewachsen: 1,60 m ergab die letzte Messung. Da ich in meiner Freizeit sehr gerne und ausgiebig Sport betreibe, würde ich behaupten, dass ich einen athletischen Körperbau habe. Ich wiege knapp 45 kg und kann mein Gewicht eben deshalb gut halten, da ich regelmäßig zum Leichtathletik-Training gehe. Würde ich dies nicht tun, wäre mein Gewicht mit Sicherheit viel höher, da ich liebend gerne Schokolade esse. Auch italienische Speisen, hier vor allem Pizza mit Schinken und Spaghetti mit Lachssauce, habe ich sehr gerne.

Da ich, wie schon erwähnt, viel Zeit auf dem Sportplatz verbringe, sind meine blonden Haare immer sehr kurz geschnitten. Diese Frisur ist nämlich nach dem Training sehr pflegeleicht. Meine Augenfarbe ist blau und mein Gesicht ist eher länglich. Als besonderes Merkmal steht in meinem Reisepass, dass ich Sommersprossen habe. Außerdem trage ich runde Brillen aus Metall.

Bekleidungsmäßig bevorzuge ich meinem Hobby entsprechend sportliches Gewand: Am liebsten trage ich T-Shirts und Jeans, dazu Sportschuhe. Selten verlasse ich unser Haus ohne eine Baseballkappe. Sie ist in den letzten Jahren zu meinem Markenzeichen geworden und ich verfüge bereits über eine stattliche Sammlung von verschiedenen Kappen. Meine Mutter würde es lieber gerne öfter sehen, wenn ich mich etwas eleganter kleiden würde, jedoch fühle ich mich in der beschriebenen Bekleidung am wohlsten.

Wie die meisten meiner Freunde behaupten, habe ich ein sehr sonniges Gemüt, da ich gerne lache und meistens gut aufgelegt bin. Ich darf behaupten, dass ich in meiner Klasse durchaus beliebt bin, und wurde sicherlich auch deshalb dieses Jahr zum Klassensprecher gewählt. Negativ fällt meinen Freunden oft auf, dass ich eher ungeduldig bin und manchmal etwas hektisch an Dinge herangehe.

Wenn ich einmal erwachsen bin, möchte ich mein Hobby zum Beruf machen und Sportlehrer werden.

125 Unterstreiche in Peters Text alle Beschreibungen seiner Wesenszüge mit einem roten Farbstift.

126 Unterstreiche im Text alle sichtbaren Merkmale der beschriebenen Person mit einem grünen Farbstift.

Wie du sicherlich bemerkt hast, hat Peter auch Kennzeichen seiner Person beschrieben, die eben nicht auf den ersten Blick „ersichtlich" sind. Neben jenen, die wir schon beim Steckbrief erarbeitet haben, hat Peter auch seine Wesenszüge beschrieben. Diese Eigenschaften einer Person sollten nicht unerwähnt bleiben, wenn jemand umfassend charakterisiert werden muss.

Aber Achtung: Du musst eine Person sehr gut kennen, wenn du ihre Wesenszüge beschreiben möchtest. Stelle hier bitte keine Vermutungen an oder Behauptungen auf. Schreibe nur über Charaktereigenschaften, die du gut kennst oder die du beweisen kannst. Beginne immer mit den positiven Eigenschaften einer Person!

127 Notiere positive und negative Charaktereigenschaften deiner Person.

positive Charaktereigenschaften:

negative Charaktereigenschaften:

128 Versuche nach Peters Vorlage und mithilfe deines Steckbriefs eine umfassende Beschreibung deiner Person.

129 Beschreibe einen Filmstar, eine Sängerin/einen Sänger oder eine Spitzsportlerin/einen Spitzensportler. Erwähne nicht den Namen und lass im Anschluss deine Eltern die Beschreibung lesen. Sie sollen erraten, wen du beschrieben hast.

TEST 17 – Steckbrief/Personen beschreiben

Testdauer: 20 min

Betrachte das Bild für etwa drei Minuten. Decke es dann mit einem undurchsichtigen Blatt Papier ab und versuche, aus dem Gedächtnis folgenden Steckbrief auszufüllen:

Gesicht

Haare/Haarfarbe: ....

Frisur: ....

Kopf/Kopfform: ....

Nase: ....

Brillenträgerin/Brillenträger: ☐ nein, ☐ ja

Wenn ja, kurze Beschreibung der Brille: ....

....

Körperbau/Figur: ....

Kleidung: .... →

Allgemeine Angaben zur dargestellten Figur:

Geschlecht: ....

Größe (geschätzt): ....

Alter (geschätzt): ....

Besondere Merkmale: ....

Lass das Bild abgedeckt und versuche nun eine Personenbeschreibung anhand des von dir ausgefüllten Steckbriefs.

Nachdem du die Personenbeschreibung verfasst hast, vergleiche deine Inhalte mit dem Bild:

Hast du 15 Merkmale niedergeschrieben, die auch auf dem Bild zu erkennen sind?
Gratulation, du beobachtest hervorragend! Deine gute Beobachtungsgabe wird dir auch bei der Schularbeit eine tolle Hilfe sein.

Hast du 10 Merkmale niedergeschrieben, die auch auf dem Bild zu erkennen sind?
Eine gute durchschnittliche Leistung! Hoffentlich reicht sie, dass jemand, der das Bild nicht kennt, sich eine Vorstellung vom Sänger machen kann.

Hast du 5 Merkmale niedergeschrieben, die auch auf dem Bild zu erkennen sind?
Mit etwas Übung klappt es bestimmt das nächste Mal. Nimm dir gleich ein Bild und probiere die Übung nochmals.

X

KREUZE AN

1	2	3 *	
			1. Ich kann einen kurzen, stichwortartigen Steckbrief als Grundlage für eine Personenbeschreibung erstellen.
			2. Ich kann den Steckbrief in a. allgemeine Angaben zur Person, b. sichtbare Merkmale und c. Charaktereigenschaften gliedern.
			3. Ich weiß, dass ich die Personenbeschreibung im Präsens (Gegenwart) schreiben muss.
			4. Ich kann die Beschreibung so formulieren, wie ich jemanden beobachte, nämlich sachlich und genau.
			5. Bei der Beschreibung der sichtbaren Merkmale bin ich fähig, planmäßig „von Kopf bis Fuß“ zu verfahren: Ich beginne die Beschreibung bei den Haaren und beende sie mit der Beschreibung der Schuhe. Somit kann ich nichts vergessen und meine Beschreibung hat eine sinnvolle Reihenfolge.

* Anmerkung
1 bedeutet: perfekt – bei allen Übungsaufgaben richtig
2 bedeutet: ausreichend – bei mehr als der Hälfte der Übungsaufgaben richtig
3 bedeutet: nicht ausreichend – bei weniger als der Hälfte der Aufgaben richtig

GEGENSTÄNDE BESCHREIBEN

A Was erwähnt werden muss

Ganz ähnlich wie bei der Personenbeschreibung handelt es sich auch hier um eine Textsorte, für die genaues Betrachten und sachliches Formulieren wesentlich ist. Im Mittelpunkt deines Textes steht der Gegenstand, der genau beschrieben werden muss. Folgende Tatsachen musst du jedenfalls erwähnen:

- Wozu dient der Gegenstand?
- Wann wird er benutzt?
- Welche Größe, Form, Farbe und Besonderheiten hat er?
- Aus welchen Materialien besteht der Gegenstand?

B Der Weg zu einer guten Gegenstandsbeschreibung

1. Schritt: Einleitung
Einleitend wird der zu beschreibende Gegenstand benannt. Die Einleitung ist ganz kurz und kann eventuell sogar aus nur einem Satz bestehen, zB:
Der Gegenstand, den ich beschreiben will …
Bei folgendem Gegenstand handelt es sich um …

2. Schritt: Hauptteil
Hier handelt es sich um den ausführlichsten Teil des Textes, bei dem du schrittweise die einzelnen Merkmale des Gegenstandes genau schilderst. Es empfiehlt sich hier, nach einem strikten Fahrplan vorzugehen: Beschreibe vom Großen zum Kleinen, von außen nach innen oder von oben nach unten. Erinnere dich an die Personenbeschreibung („von Kopf bis Fuß") und schau genau!

3. Schritt: Schluss
Dieser Teil enthält keine neuen Informationen, sondern soll die Beschreibung kurz abrunden, zB:
Ich hoffe, du kannst dir den Gegenstand gut vorstellen.

C Die Sprache einer Beschreibung

- Sie ist sachlich und kurz.
- Deine persönliche Meinung ist hier nicht wichtig. Bewerte den Gegenstand nicht, sondern schreibe nur, was du sehen kannst.
- Verwende, wenn möglich, Fachbegriffe; zB bei einer Handybeschreibung: *Display, Smartphone, Objektivabdeckung …*
- Durch passende Adjektive wird der Gegenstand beim Lesen anschaulich.
- Eine Beschreibung wird immer im Präsens (Gegenwart) geschrieben.

130 Lies folgende Gegenstandsbeschreibung eines Mobiltelefons. Zeichne anschließend in den abgebildeten „Rohling" alle Kennzeichen aus der Beschreibung ein, sodass das beschriebene Mobiltelefon entsteht.

Mein Handy

Ich besitze ein Smartphone der Firma Phone und verwende es nahezu täglich, um mit Freunden zu telefonieren und Kurzmitteilungen zu verschicken bzw. um diese zu lesen.

Dieses multifunktionale, schwarze Telefon aus Hartplastik ist etwa 11 cm lang, 5 cm breit und 1,5 cm hoch. Die Vorderseite besteht aus einem großen Touchscreen (7 cm x 4 cm), über welchen man sämtliche Funktionen des Smartphones mit dem Finger oder mit dem mitgelieferten Stift steuern kann. Unterhalb des Displays befinden sich drei gleich große, schmale Tasten, wobei die linke Taste grün, die mittlere weiß und die rechte Taste rot leuchtet, wenn das Telefon eingeschaltet ist. Gleichzeitig mit dem Erleuchten der Tasten wird auch die Hintergrundbeleuchtung des Displays aktiviert. Am linken oberen Rand der Vorderseite des Telefons ist der bekannte Schriftzug der Marke zu lesen. Mittig befindet sich ein kleines Loch, welches beim Telefonieren die Stimmen der Gesprächspartner direkt auf das Ohr überträgt.

Auf der Rückseite meines Smartphones befindet sich lediglich die Linse des enthaltenen Fotoapparates. Unterhalb steht schlecht zu lesen „2 Megapixel". Schlecht zu lesen ist der Schriftzug deshalb, da er durch das ständige Tragen in der Hosentasche bzw. im Rucksack schon etwas abgescheuert ist.

Die rechte Seite des Telefons ist reserviert für die Tastensperre und den Knopf zum Ein- und Ausschalten. Außerdem befindet sich hier ein USB-Eingang, um das Telefon im Bedarfsfall an einen Computer anschließen zu können.

Mein Smartphone ist zu meinem ständigen Begleiter geworden und ich verwende es sehr häufig. Nur in der Schule und im Kino schalte ich es aus.

TIPP

- Gegenstand in allen Details betrachten und beschreiben.
- Kurze Einleitung – ausführlicher Hauptteil – kurzer Schluss.
- Beschreibung im Hauptteil nach striktem Fahrplan:
  etwa vom Großen zum Kleinen, von oben nach unten, von links nach rechts.
- Keine persönliche Meinung oder Wertung abgeben.

131 Hubert braucht dringend deine Hilfe: Verbessere seine Gegenstandsbeschreibung, indem du den Text neu schreibst. Streiche zuerst im Text durch, was nicht in eine Gegenstandsbeschreibung gehört.

An das
Polizeirevier
1010 Wien

Sehr geehrte Damen und Herren!

Ich möchte hiermit den Diebstahl meines Rucksacks zur Anzeige bringen. Er wurde mir am 12. 5. 2012 in der Straßenbahnlinie D gestohlen und sieht so aus:
Die Tasche hat die voll coole Farbe blassschwarz und war sehr schwer, als sie mir gestohlen wurde. Wir hatten nämlich Geografie und da hatte ich viele Bücher zur Ansicht mit. Der Rucksack hat oben einen Henkel und unten einen roten Boden aus hartem Plastik. Vorne ist eine große Tasche mit Zipp, der Rücken hinten ist mit Schaumstoff ausgepolstert. Das hilft beim Tragen. Auf der Tasche vorne steht „Megabag", was mir nicht so gefällt. Die beiden Riemen zum Tragen sind auch so blassschwarz, wobei einer, ich glaube der linke, schon abgerissen ist. Um den Rucksack aufzumachen, muss man vorne einen großen Zipp bedienen, um in das große Fach zu kommen.
Hoffentlich können Sie den Rucksack finden.

Mit freundlichen Grüßen

Hubert Huber

Key: 405

Eine Muster-Gegenstandsbeschreibung ist über den QR Code® oder Key abrufbar.

SACHVERHALTE DARLEGEN

Das letzte Kapitel zum Thema Beschreiben/Berichten widmet sich nach der Personen- und Gegenstandsbeschreibung den Sachverhalten: Darunter versteht man vor allem Vorgänge, wie sie sich tatsächlich ereignen oder zugetragen haben. Wenn zum Beispiel ein Verkehrsunfall geschehen ist, ist es Aufgabe der Polizei, der Sachverhalt zu klären: Sie muss herausfinden, warum es zu diesem Unfall gekommen ist und wer sich falsch verhalten hat. Bei der Klärung müssen die Beamten objektiv vorgehen, das heißt, sie dürfen sich von niemandem beeinflussen lassen, nicht ihre persönliche Meinung abgeben und zu niemandem halten.

Solche objektiven Berichte hast du ja schon bei der Personen- und Gegenstandsbeschreibung geübt. Auch Tipps und Tricks zum sachlichen Sprachstil, der hier verwendet wird, haben wir schon besprochen.

Anwendung findet so ein sachlicher Sprachstil auch bei Anleitungen. Sicherlich hast du schon einmal eine solche Beschreibung von Vorgängen gelesen, wenn du zB einen neuen Drucker installiert oder deiner Mutter ein Kochrezept vorgelesen hast.

132 Falte einen einfachen Papierflieger und schildere deinen Eltern, wie du dabei vorgegangen bist. Vergiss am Anfang nicht zu erklären, welche Materialien du dazu brauchst.

Beginne deine Beschreibung mit folgendem Satz:
Für den Bau eines Papierfliegers benötige ich …

TIPP

Du hast sicher bemerkt, dass du beim Erklären oft das Wort „dann“ verwendet hast. Das ist insofern gut, weil du Handlungen beschrieben hast, die nacheinander ausgeführt werden müssen. Sprachlich können dir folgende Wörter helfen, nicht immer „dann“ zu verwenden:
danach, hierauf, jetzt, daraufhin, nun, sogleich, anschließend, als Nächstes, schließlich, zuerst, als Erstes, zum Schluss, zuletzt, als Letztes

133 Versuche nun deine Anleitung zum Bau des Papierfliegers niederzuschreiben. Verwende dabei möglichst viele Wörter aus der obigen „dann-Liste“.

134 Lass deine Eltern oder einen Freund/eine Freundin deine Papierfliegerfaltanleitung lesen. Gib ihnen ein Stück Papier und bitte sie, den Flieger nach deiner Bastelanleitung nachzubauen. Hilf ihnen aber nicht dabei, sie sollen nur nach deiner Anleitung bauen.

KONTROLLE Schaut der Flieger genauso aus wie deiner?

Bravo, dann hast du eine hervorragende Anleitung geschrieben und den Bau Schritt für Schritt logisch erklärt. Weiter so!

Der Flugzeugbau ist nicht geglückt oder die beiden Flugzeuge unterscheiden sich stark voneinander?
Kein Problem. Gehe mit der Person, die den Flieger nachbauen sollte, deine Anleitung durch und frage sie, was unklar war. Wo hat es Probleme gegeben? Bessere die Fehler in deiner Anleitung gleich direkt im Text mit einem anderen Farbstift aus.

TIPP

Das gemeinsame Arbeiten an einem Text mit deinen Eltern oder mit einer Freundin/einem Freund kann viel Spaß machen. Gestaltet eure Arbeitsbedingungen so, dass ihr euch wohlfühlt. Nehmt euch etwas zu trinken, etwas zum Knabbern usw. Auch ein Ortswechsel vom Schreibtisch in den Garten oder in den Park kann eure Arbeit beflügeln.

135 Bitte deine Mutter um ein einfaches Kochrezept. Lies es (eventuell gemeinsam mit deiner Mutter) aufmerksam durch und verfasse im Anschluss ein Fantasierezept mit möglichst ungewöhnlichen, nicht passenden Zutaten.

Du könntest etwa ein Rezept für einen „Sandkuchen mit Zwiebel in Essig und Motoröl“ oder für „Spaghetti mit Schokosauce und Schimmelkäse“ verfassen. Deiner Fantasie sind keine Grenzen gesetzt!

TIPP

- Eine Anleitung dient der Information und nicht der Unterhaltung der Leserin/des Lesers.
- Der Vorgang, der beschrieben wird, soll für die Leserin/den Leser nachzumachen sein: Beschreibe den Vorgang Schritt für Schritt in der richtigen Reihenfolge!
- Die Sprache ist sachlich, klar, genau und leicht verständlich. Vermeide persönliche Bemerkungen oder Bewertungen.
- Schreibe im Präsens (Gegenwart).

136 Dein Freund möchte bei seiner Geburtstagsparty die Partygäste mit einem Zaubertrick überraschen. Schreib ihm eine Anleitung, wie er seine Freunde mit dem Trick „Der schwebende Zauberstab" beeindrucken kann.
Beginne wie folgt:

Lieber Zauberlehrling Peter!
Ich freue mich schon auf deine Geburtstagsparty nächsten Samstag. Da du mir am Telefon erzählt hast, dass du ein bisschen zaubern möchtest, schicke ich dir folgende Anleitung, wie du den Zauberstab zum Schweben bringen kannst: …

Die folgenden Bilder zeigen dir, wie der Zaubertrick funktioniert. Sie sollen dir beim Verfassen der Anleitung eine Hilfe sein.

BRIEFE SCHREIBEN

In einer Jugendzeitschrift sind in der Rubrik „Fundgrube: Brieffreundschaften“ folgende Anzeigen zu finden:

Hallo,
ich heiße David, wohne in Graz und bin 11 Jahre alt. Ich suche einen gleichaltrigen Brieffreund zwischen 10 und 12 Jahren. Meine Hobbys sind Fußball spielen, coole Musik hören und Nintendo spielen. Bitte schreib mir!

Wenn du an David schreiben möchtest, verwende die Chiffrenummer 11-01.

Grüezi,
ich bin Sabrina aus Zürich/Schweiz und suche eine Brieffreundin zwischen 10 und 13 Jahren. Magst du auch gerne Pferde, reiten und Klavier spielen? Dann schreib mir, ich freue mich! (Lege deinem Brief bitte ein Foto von dir bei!)

Wenn du an Sabrina schreiben möchtest, verwende die Chiffrenummer 11-02.

Hi,
mein Name ist Georg (10) und ich wohne in München/Deutschland. Ich bin ein großer Anhänger des Fußballclubs Bayern München und suche eine(n) Brieffreund/in, der/die mit mir Fanartikel tauschen möchte.
Ich freue mich, von dir zu lesen.

Wenn du an Georg schreiben möchtest, verwende die Chiffrenummer 11-03.

Servus!
Ich heiße Gerhard (12) und suche E-Mail-Freundinnen und -Freunde zwischen 10 und 14 Jahren. Meine Hobbys sind Computerspiele und Einrad fahren. Jedes Mail wird beantwortet!

Wenn du an Gerhard schreiben möchtest, erreichst du ihn direkt unter gerhard100@ktx.at

---

Hi, Mädels!
Ich wohne in Salzburg, heiße Ruth und suche Brieffreundinnen zwischen 10 und 13 Jahren, die meine Interessen teilen: Shoppen, Tanzen, Freunde treffen. Foto wäre nett!

Wenn du an Ruth schreiben möchtest, verwende die Chiffrenummer 11-04.

Eure Antworten richtet bitte an:

Jugendzeitschrift „Cool“
Brieffreundschaften,
Chiffrenummer 11-**
Druckergasse 15
A-1050 Wien

Bei David ist eine Antwort eingetroffen. Das Kuvert, das nachstehenden Brief enthielt, war wie folgt adressiert:

An die
Jugendzeitschrift „Cool"
Brieffreundschaften, Chiffrenummer 11-01
Druckergasse 15
1050 Wien

Salzburg, am 15. Mai 2012

Lieber David!

Mein Name ist Peter Schuster und ich wohne in Salzburg. Da ich die Zeitschrift „Cool" abonniert habe und schon seit Längerem auf der Suche nach einem Brieffreund bin, freue ich mich sehr, dass ich jemanden mit gleichen Interessen gefunden habe.

Ich bin 10 Jahre alt, besuche die 1c der Neuen Mittelschule in Salzburg-Maxglan und spiele, so wie du, gerne Fußball: Jeden Freitag gehe ich zum U12-Training des FC Salzburg-Maxglan und verstärke auch unsere Schulauswahl. Als Mittelfeldspieler konnte ich mit unserem Schulteam bereits die Salzburger Schülermeisterschaften gewinnen, mein bisher größter sportlicher Erfolg. Auf welcher Position spielst du eigentlich und bist du auch in einem Verein?

Auch dein zweites Hobby, Nintendo spielen, teile ich mit dir: Besonders gerne spielen wir „Die Sims 3". Wir, das sind meine Schwester Hedi und ich. Sie ist etwas älter als ich, nämlich 12 Jahre, und besitzt auch eine Spielkonsole. Wir verbinden immer unsere beiden Nintendos und spielen gegeneinander. Da meine Schwester bei diesem Computerspiel sehr geschickt ist, muss ich mich gewaltig anstrengen, um zu gewinnen. Welches ist dein Lieblingsspiel und hast du auch Geschwister?

Leider muss ich jetzt meinen ersten Brief beenden, da ich noch für die morgige Mathe-Schularbeit lernen muss. Auf deine Antwort freue ich mich wirklich schon sehr! (Meine Wohnadresse findest du auf dem Kuvert links oben!)

Liebe Grüße aus Salzburg

Peter

PS: Ich lege dir ein Foto bei, das wir in unserem heurigen Sommerurlaub auf Kos/Griechenland aufgenommen haben. Es zeigt meine Schwester und mich beim Baden im Meer. Hast du auch eins für mich?

Achte beim Schreiben eines persönlichen Briefes auf folgende Punkte:

- Es wird über persönliche Erlebnisse oder Ansichten berichtet.
- Adressaten eines persönlichen Briefes sind Freundinnen/Freunde, Bekannte oder Verwandte.
- Stelle dir die Empfängerin/den Empfänger beim Verfassen des Briefes vor und schreibe so, wie du mit ihr/ihm sprechen würdest: natürlich und zwanglos.
- Im Brief darfst du auch Fragen stellen, echtes Interesse freut jeden. Vermeide aber Phrasen, das sind nichtssagende Redewendungen, zB *„Wie geht es dir?“*.
- Die höfliche Anrede „Sie“ wird stets großgeschrieben. Auch alle abgeleiteten Formen wie zB *„Ich danke Ihnen!“*
- Das freundschaftliche „Du“ kann groß- oder kleingeschrieben werden, zB *Schön, dass du so schnell geantwortet hast, Tom. Ich danke Dir für das Geschenk, Tante Martha.*
- Achte besonders auf die äußere Form. Darunter versteht man: saubere Handschrift, sauberes Briefpapier (unliniertes DIN-A4-Blatt), gute Platzaufteilung, übersichtliche Gliederung.
- Jeder Brief muss enthalten: Ort und Datum im rechten oberen Eck (= wo und wann der Brief geschrieben wurde), Anrede, Schlussformel und Unterschrift.

137 Kontrolliere, ob Peter die Vorgaben erfüllt hat, indem du Punkt für Punkt im Feld neben den obigen Angaben abhakst, wenn sie erfüllt sind.

138 Der Computer hat uns zwar viele Arbeiten abgenommen, aber ein handschriftlicher Brief ist immer noch sehr edel und freut die Empfängerin/den Empfänger. Nimm dir ein weißes Blatt Papier, leg einen Linienspiegel unter das Blatt und schreibe Peters Brief von Seite 163 sauber ab.

Schreibe schön (am besten mit Tinte), teile dir den Platz gut ein und versuche keine Fehler zu machen.

139 Überlege, ob folgende Anreden bzw. Begrüßungsformeln für den Beginn eines persönlichen Briefes passend sind:

	ja	nein		ja	nein
1. Liebe/r ...!			**4.** Mein lieber Freund!		
2. Hallo, liebe Doris!			**5.** Hi!		
3. Sehr geehrter Peter!			**6.** Servus, Tante Helga!		

140 Auch bei der Schlussformel gibt es mehrere Varianten. Welche würdest du am Ende eines persönlichen Briefes verwenden? Kreuze jene an, von denen du meinst, dass sie passend sind:

- ☐ Liebe Grüße aus …
- ☐ Alles Liebe, dein/e …
- ☐ Tschüss!
- ☐ Auf Wiedersehen.
- ☐ Hochachtungsvoll
- ☐ Mit ganz lieben Grüßen …

141 Antworte auf eine der Anzeigen von Seite 162 aus der Jugendzeitschrift „Cool“. Solltest du kein Hobby teilen, suche dir Anzeigen von Brieffreundschaftsanfragen aus einer Jugendzeitschrift deiner Wahl und verfasse ein Antwortschreiben.

TIPP

- Textblöcke Ort und Datum, Anrede und Schlussformel nicht vergessen.
- In persönlichen Briefen berichtest du von persönlichen Erlebnissen und Ereignissen.
- Schreibe natürlich und vermeide unnötige Phrasen.
- Das Anredewort „du“ und alle abgeleiteten Formen wie „dein, euer, dir“ schreibt man in der Regel klein, in Briefen kann es aber auch großgeschrieben werden.
- Achte auf die äußere Form!

142 Richtig oder falsch?

	richtig	falsch
1. „Ich freue mich, wenn Du kommst.“	☐	☐
2. „Ort und Datum“ kann man weglassen.	☐	☐
3. „Tschüss!“ ist eine passende Schlussformel.	☐	☐
4. Briefe immer mit Bleistift schreiben!	☐	☐
5. Ernst gemeinte Fragen darf ich dem Empfänger stellen.	☐	☐
6. Eine saubere Briefform ist wichtig!	☐	☐
7. „In Liebe“ passt als Schlussformel bei einem Liebesbrief.	☐	☐
8. „Geschätzter Onkel Franz!“ kann man als Anrede schreiben.	☐	☐

SMS/E-MAIL

SMS und E-Mail sind zwei sehr „junge“ Möglichkeiten, schriftliche Nachrichten zu übermitteln, und beeinflussen unsere heutige Kommunikation ganz wesentlich.

SMS steht für „Short Message Service“ und dient der Übertragung von kurzen Textnachrichten. Die erste SMS wurde am 3. Dezember 1992 mit dem Inhalt „Merry Christmas“ in Großbritannien versendet.

A SMS – Abkürzungen

Da pro SMS nur eine beschränkte Anzahl von Zeichen zur Verfügung steht, werden oftmals Abkürzungen verwendet, zB 4u = for you = für dich.

143 Welche Abkürzungen verwendest du häufig? Notiere sie und vergiss nicht, auch die „Übersetzung“ zu liefern.

....

....

TIPP

Achte beim Einsatz von Abkürzungen immer darauf, dass die Empfängerinnen/die Empfänger sie auch verstehen. Kommunikation kann nur klappen, wenn die ganze Nachricht klar ist!

B SMS – Emoticons und Smileys

Neben sprachlichen Abkürzungen sind auch sogenannte Emoticons oder Smileys sehr beliebt, zB :-J = einen Spaß machen. Mit Hilfe dieser Zeichen wird ein persönliches Befinden oder ein Kommentar ohne Worte zum Ausdruck gebracht.

144 Kennst du die Bedeutung folgender Emoticons? Notiere, was damit zum Ausdruck gebracht werden soll.

;-)	....	:-D	....
%-}	....	:-x	....
(:-(	....	:-O	....
:-#	....	8-O	....

145 Notiere in Worten, wie du dich gerade fühlst, und erfinde ein eigenes Emoticon für deine Stimmung.

Stimmung/Befinden: .... Emoticon: ....

TIPP

SMS-Textnachrichten müssen in sehr knapper sprachlicher Form die Botschaft transportieren. Alle unnötigen Wörter und Zeichen müssen daher weggelassen werden. Trotzdem ist es wichtig, eine SMS höflich zu formulieren. Dazu gehört auch, wie beim Brief, eine Schlussformel, zB glG = ganz liebe Grüße.
Achte auch beim Simsen auf die Rechtschreibung, ganz besonders auf die Groß- und Kleinschreibung.

C E-Mails

E-Mail steht für „electronic mail", heißt also übersetzt „elektronische Post" und wird seit Mitte der 1980er-Jahre verwendet.
Beim Schreiben eines geschäftlichen, offiziellen E-Mails verhält es sich wie beim Verfassen von Anleitungen: Formuliere sachlich, nüchtern und klar. Beschreibe genau, was du möchtest.

146 Folgendes geschäftliches Mail wurde verschickt. Lies es bitte aufmerksam und beantworte im Anschluss die Fragen.

Von: Franz@1.Klasse.at
Betreff: Preisauskunft
An: spielwaren@einkaufscenter.at

Ich habe am Samstag in ihrer Auslage ein cooles Modellauto gesehen. Was kostet bitte dieses? (Hoffentlich weniger als 70 €, denn ich habe bis jetzt nur 70 € gespart.) Es ist rechts vorne gestanden und so rot und schwarz. Bitte schreiben sie mir auch, ob man dieses tolle Auto auch mit einer Fernbedienung fahren lassen kann. Nun muss ich leider aufhören.
Vielen Tank
Franz

1. Welche Informationen fehlen?
2. Auf welche Aussagen kann verzichtet werden?
3. Was meint Franz mit „Fernbedienung"?
4. Außerdem sind ihm drei Rechtschreibfehler unterlaufen. Bessere sie bitte im Text aus.

STICHWORTVERZEICHNIS

STICHWORTVERZEICHNIS